**ROBERTO LO RUSSO**
**VIVIANA CIANCIULLI**

# FRANCHISING ITALIANO

**50 storie di imprese che hanno fatto (im)presa in Italia e la prossima potrebbe essere la tua!**

Titolo
"FRANCHISING ITALIANO: 50 storie di imprese che hanno fatto (im)presa in Italia e la prossima potrebbe essere la tua!"

Autori
Roberto Lo Russo e Viviana Cianciulli

Editore
Bruno Editore

ISBN: 978-88-617-4831-6

Sito internet
http://www.brunoeditore.it

Progetto Editoriale
Elena Delfino

Coordinamento Redazionale
Carla Fiore



*Le informazioni contenute in questo libro sono state fornite dalla casa madre di ciascun marchio.

# Sommario

# Introduzione

Il libro che stringi tra le mani è il frutto di un lavoro iniziato sei mesi fa e portato avanti grazie alla lungimiranza e alla collaborazione di molti degli operatori che da anni continuano ad accrescere il valore del Franchising in Italia.

Incarna quindi la vera essenza su cui si basa un progetto di sviluppo *franchising*: la rete, la connessione, la condivisione della *vision* e della *mission* ma anche degli obiettivi, le prospettive di miglioramento, il trasferimento del *know-how*, che avvengono tra casa madre e affiliati.

Allo stesso modo, questo libro - che vuole essere una celebrazione per i 50 anni che compie il settore nel nostro Paese, ma anche un punto di riflessione e magari di ispirazione per chi ha intenzione di investire in questa formula, come *franchisor* o come *franchisee*, oppure per chi si è appena avvicinato a questo mondo - racchiude le sfide, le strategie e i segreti di 50 innovatori del *franchising* in Italia, come mai accaduto prima, con una pubblicazione.

Abbiamo voluto creare un'operazione editoriale che non si focalizzasse sulla parte maualistica, ma che permettesse agli imprenditori di raccontarsi e metterci la faccia e ai lettori di apprendere attraverso le storie, gli elementi di successo e le criticità di una formula che noi già raccontiamo, con altri strumenti e pubblicazioni come Start Franchising *magazine* e il sito - nei quali forniamo approfondimenti anche sotto il punto di vista legale, giuridico, insomma tecnico - facendolo, in questo caso, attraverso lo *storytelling*.

Abbiamo quindi invitato i *franchisor* e i *master franchisee*, ma anche i *manager* e i consulenti che operano in questo settore in Italia a inviarci le loro storie e ne abbiamo scelte 50, da noi ritenute rappresentative per festeggiare i 50 anni della storia dell'affiliazione commerciale nel nostro Paese.

Dunque, ogni storia una candelina, dal *franchisor* o *brand* più storico al più recente.

È così che vogliamo far conoscere ancor più da vicino il *franchising*, una formula che se applicata nel modo giusto è tra i migliori strumenti di sviluppo e scalabilità di un *business*, ma che in Italia ha ancora un altissimo potenziale di crescita.

Il *focus* di questo progetto editoriale è quindi, la scoperta di opportunità di un settore che nel nostro Paese chiude numeri ogni anno in continua crescita, con un indotto lavorativo molto ampio da Nord a Sud, senza voler essere autoreferenziali.

Per questo motivo, nell'ultimo capitolo abbiamo inserito un momento formativo di grande valore, un *vademecum* con consigli imprenditoriali utili, raccolti attraverso il racconto delle storie contenute nel libro, che potrebbero esserti di aiuto nel caso volessi lanciare una tua idea di *business* in *franchising*, affiliarti a una rete oppure semplicemente se volessi intraprendere una tua carriera come imprenditore.

Ebbene sì: la 51esima storia potrebbe essere la tua!

# Presentazione
## "L'idea editoriale"

Cinquanta, mezzo secolo, un compleanno importante che va assolutamente festeggiato. Cinquanta candeline da spegnere, tante storie da raccontare, una per ogni anno. A festeggiare (e da festeggiare) è il *franchising* con quella formula che conquista per lo spirito di innovazione intrinseco e per il concetto senza tempo del fare squadra.

È da queste considerazioni che è nata l'idea di un libro che racconti, da un punto di vista differente e innovativo, la formula del *franchising*.

Perché un libro che racconta la storia dell'affiliazione commerciale in Italia, non può prescindere dai racconti di *Chi* quella storia l'ha realmente scritta. Di *Chi*, in pratica e non in teoria, ha utilizzato e utilizza - come imprenditore - questa formula per avere successo e per creare una rete. Per questo abbiamo deciso di lanciare un'iniziativa nuova nel panorama editoriale, raccogliendo e pubblicando in un unico volume le storie di chi direttamente ha investito in questa formula per lanciare la propria rete, dei *manager* che le fanno crescere, dei *master franchisee* e dei *country manager* che, pionieri, hanno portato e sviluppato marchi esteri nel Belpaese. Tutti ci hanno raccontato le proprie strategie, le sfide che hanno affrontato quotidianamente, gli ostacoli che hanno superato per arrivare dove sono ora. Quale migliore ispirazione per chi vuole avvicinarsi a questo settore?

Abbiamo avuto un'idea e l'abbiamo realizzata insieme, un'intera squadra di professionisti, tra cui la squadra di Soluzioni, dal *marketing* al reparto grafico e commerciale, la redazione di Start Franchising, i 50 marchi che ci hanno raccontato la propria storia, i consulenti che operano in questo settore. Il Salone del Franchising di Milano che ne ospita il lancio. Le associazioni di categoria, Assofranchising,

Confimprese, Federfranchising - Confesercenti, e i loro presidenti, che l'hanno sostenuta.

Ultimo ma non ultimo l'editore Giacomo Bruno.

Credo fortemente nella squadra, è qualcosa di potente, c'è un detto che sintetizza splendidamente il mio pensiero al riguardo, che recita:«Ad andare da solo si va veloce, ma ad andare in squadra si va lontano».

Quindi quale migliore opportunità di poter raccontare in un libro sul *franchising* la condivisione del rischio imprenditoriale tra casa madre e affiliato, la crescita che avviene sempre insieme, dove il *franchisor* prende per mano il *franchisee* e lo accompagna verso il successo. Allo stesso tempo, anche l'affiliato è parte e attore nel successo della casa madre, proprio in un perfetto lavoro di squadra.

Questo libro vuole, in un certo senso, spianare la strada a maggiori collaborazioni tra tutti gli operatori del settore - lo abbiamo dimostrato, è possibile -, ma anche rompere una volta per tutte quelle barriere tipicamente italiane che limitano la possibilità di fare impresa insieme e uniti.

Cinquant'anni sono tanti o sono pochi? Credo che *il franchising* in Italia abbia davvero una vita davanti.

Per cui oltre alle 50 storie di *brand* già affermati, abbiamo riservato un capitolo a un'ipotetica 51esima storia - aperta - che potrebbe essere proprio la tua, lettore che hai in mano questo libro!

Non mi resta, a questo punto, che augurare: «Buona lettura a tutti»!


**Roberto Lo Russo**

# Prefazione
## "1969-2019: 50 anni di buon Franchising"!
## Assofranchising

La fine degli anni '60, si sa, è stata segnata dalle più grandi rivoluzioni della storia.

Sono parte di questa Associazione da oltre 15 anni, prima come Segretario Generale e poi come Presidente e, se dopo tanto tempo mi guardo indietro e penso al sistema del *franchising*, quello che vedo è proprio una: "Rivoluzione"!

La rivoluzione di un settore che, da quando è approdato nel nostro Paese, ha cambiato il modo di fare commercio per come lo conoscevamo, che crescendo ha saputo toccare gli ambiti più disparati e che, anche nei recenti anni della crisi, ha saputo difendersi continuando a registrare numeri estremamente positivi.

Ed è proprio sulla scia di questa "rivoluzione" che solo due anni dopo l'arrivo in Italia del primo marchio in *franchising* nasce Assofranchising, la più antica e longeva Associazione di settore che, dall'anno della sua fondazione, si occupa di promuovere e tutelare questo grande "ecosistema", le aziende che vi operano e le persone che ne fanno parte.

Anni di lotte e, fortunatamente, anche di conquiste e soddisfazioni.

La legge sul *franchising* del 2004 ne è un valido esempio, una regolamentazione fortemente voluta da Assofranchising e che, grazie alla sua esistenza, permette all'Italia di essere uno dei pochi paesi in Europa ad avere una normativa riconosciuta che tutela il settore.

Che il *franchising* sia un sistema degno di fiducia, che gode di ottima salute, è ben dimostrato dai dati contenuti nel nostro Rapporto annuale (Rapporto Assofranchising Italia. Strutture, tendenze e scenari), un importante e strutturato studio del settore che da oltre 25 anni monitora, registra e diffonde i numeri e le *performance* dell'intero comparto.

Dall'ultimo Rapporto appena presentato sui dati del 2018, il giro di affari delle insegne in *franchising* attive in Italia è cresciuto del +2% e negli ultimi 10 anni (2008-2018) del 17%. Solo lo scorso anno sono stati creati oltre 7.500 nuovi posti di lavoro raggiungendo gli oltre 200mila addetti occupati nel totale dei punti vendita.

A chi contesta il fatto che il *franchising* stia soffocando il piccolo commerciante, posso solo rispondere di provare a guardare anche l'altra faccia della medaglia. La scelta di affiliarsi a un *brand* di *franchising* offre, di fatto, incredibili opportunità e concrete garanzie: la possibilità di essere supportati e guidati da un'azienda solida, con alle spalle anni di esperienza, in grado di trasmettere il proprio *know-how* attraverso la costante attività di formazione; il poter usufruire delle competenze di esperti per sondare il mercato e capire se l'idea che si ha in mente da tempo può avere un futuro oppure no; essere supportati in importanti campagne *marketing* e vedere il proprio marchio pubblicizzato sui principali media del Paese, opportunità che per molte piccole realtà sarebbe decisamente troppo onerosa. Ovviamente non si può dire con certezza che tutto questo annulli il naturale rischio di impresa, ma se l'unione fa la forza, fare parte di una grande famiglia di certo aiuta.

Per il futuro non posso fare altro che augurare a questo settore, che tanto ha dato all'Italia, di proseguire su questa strada, continuando a evolversi, crescere e a dare ancora grandi opportunità di lavoro a migliaia di persone.


**Italo Bussoli**
Presidente Assofranchising

# Prefazione
## "Franchising italiano: 50 anni di crescita"!
## Confimprese

Nell'attuale stallo dell'economia italiana con economia e politica che sfogliano la margherita, alla ricerca di soluzioni atte a risollevare il Paese ultimo per crescita dell'Europa a 28, il settore del *franchising* continua a tenere: vale 24,5 miliardi di euro e negli ultimi 5 anni è incrementato dello 0,5% su base annua. L'affiliazione commerciale garantisce a chi vuole mettersi in proprio una relativa sicurezza nell'avvio di un'attività autonoma.

I *franchisee*, infatti, possono contare sul sostegno dei gruppi imprenditoriali affermati a cui si affiliano. Oggi il *retail* sta affrontando sfide importanti: l'accelerazione dello sviluppo tecnologico (digitalizzazione, intelligenza artificiale, realtà aumentata) e la crescente *customer centricity* (social media, attenzione alla sostenibilità, *sharing economy*) chiedono di ripensare radicalmente il *business model*, in un contesto economico-politico incerto non solo a livello nazionale ma mondiale.

Il nostro Osservatorio sul 3° trimestre registra un rallentamento delle aperture di punti vendita del 10% dovuto all'instabilità politica del Paese, alla Brexit, alla guerra americana sui dazi, anche se moda e *food* si attestano su andamenti di vendita positivi: rispettivamente +2% e +7 %.

Tuttavia, nonostante l'incertezza normativa, le imprese lavorano per raggiungere gli obiettivi che si sono date a inizio anno e lo fanno nonostante le avversità.

Confimprese compie quest'anno vent'anni vissuti all'insegna dell'associazionismo, che nel sistema *franchising* svolge un ruolo di primaria importanza, perché funge da aggregatore di imprese che tendono agli stessi obiettivi, sostenute dalle associazioni di categoria che ne tutelano gli interessi, mantengono aperto un confronto costruttivo con le istituzioni, raccolgono le sfide imposte dall'evoluzione del mercato sia nei tradizionali canali del *retail* sia nell'*e-commerce*. Noi che viviamo nel commercio, vogliamo continuare a essere il veicolo del successo del "Made in Italy", dall'alimentare alla moda, puntiamo a difendere e a qualificare ancora di più i nostri marchi, vogliamo valorizzare competenze, esperienze e cultura del nostro tessuto economico. Puntiamo a sviluppare le nostre attività ponendo sempre al centro delle nostre strategie il cliente che deve essere conquistato con la qualità e l'affidabilità dei prodotti italiani.

Vogliamo aiutare le nostre imprese ad accettare e a vincere le sfide dell'internazionalizzazione, dobbiamo conquistare spazio, fatturato e mercati fuori dai nostri confini. Il *retail* sta affrontando sfide importanti per fare fronte alle grandi trasformazioni generate dal cambiamento tecnologico imposto dai processi di digitalizzazione. Gli investimenti nell'intelligenza artificiale stanno crescendo, ma spesso le aziende non sanno ancora come orientarsi tra diverse scelte alternative.

Nei prossimi anni occorrerà investire centinaia di milioni nella filiera per adeguare l'organizzazione e creare sistemi omnicanale. Le imprese sono pronte, ma sentono la mancanza di stabilità istituzionale e politica che da troppo tempo manca all'appello. Noi dobbiamo proseguire nella nostra azione come imprenditori e come organizzazioni che non vogliono solo sopravvivere in un mare in tempesta, ma crescere e arrivare a porti sicuri. Per farlo dobbiamo richiedere con forza al mondo politico e istituzionale di fare la sua parte, per consentire di realizzare crescita e benessere per l'intero Paese e i suoi cittadini.


**Mario Resca**
Presidente Confimprese

# Prefazione
## "50 anni di Franchising e non sentirli"!
## Federfranchising - Confesercenti

La formula del *franchising* arriva in Italia ai suoi primi 50 anni e devo dire che è ancora giovane.

Giovane, perché nonostante siano passate cinque decadi dalla nascita della prima rete in *franchising* nel nostro paese, questa formula continua a essere giovane e a offrire tante potenzialità per fare impresa.

Sono onorato come Presidente della Federazione Italiana Franchising - Confesercenti di contribuire alla prefazione di questa opera editoriale curata nei contenuti da Start Franchising e Soluzioni srl, considero che la crescita delle attività in *franchising* sia collegata alla promozione della formula.

Come si sa, la Confesercenti ha sempre posto molta attenzione al *franchising*, sin dai primi anni '80, favorendo la nascita di Promofranchising 'prima' e di Federfranchising 'dopo'.

La nascita di Federfranchising è stata dovuta alla consapevolezza che il *franchising* è un sistema unitario, composto da soggetti diversi che condividono lo stesso progetto. Federfranchising nasce proprio con l'obiettivo di rappresentare ed essere punto di riferimento dei *franchisor* (affilianti) e dei *franchisee* (affiliati).

Abbiamo sempre lavorato con la convinzione che il *franchising* rappresentasse una quota importante d'innovazione nel commercio e un'impostazione certamente coerente con la linea dell'Associazione, tesa a valorizzare la piccola e media impresa.

Il *franchising* in questi 50 anni in Italia ha contribuito ad ammodernare la rete distributiva e si è sviluppato in settori mai immaginati, ma c'è tanto spazio di crescita, non solo come numero di imprese ma anche come innovazione, logistica, *marketing, customer experience,* etc.

Riteniamo come Associazione che c'è ancora della strada da fare anche dal punto di vista legislativo per dare maggior garanzia a entrambi i soggetti, *franchisor* e *franchisee*. Andrebbe anche riconosciuto alle aziende *franchisor* la formazione e il *know-how* trasmesso ai *franchisee* come valore aggiunto da parte degli istituti di credito rispetto alle nuove aperture.

Per crescere è ancora necessario fare un lavoro di promozione del *franchising*, serve fare cultura di questa formula imprenditoriale per garantire il principio della corretta comunicazione tra affilianti e affiliati, la veridicità delle informazioni fornite, la puntuale specifica scritta delle condizioni contrattuali e la definizione del *know-how*, elementi essenziali della trattativa precontrattuale, riconosciuti formalmente dalla normativa del settore.

La sfida dell'economia globale richiede, al *franchising* italiano, da un lato, un salto nella qualità dei rapporti in una logica di partenariato dove il *franchisor* e i *franchisee* cercano di interagire sul mercato, con successo; dall'altro una maggior consapevolezza del consolidamento della propria struttura aziendale per affrontare l'internazionalizzazione dei *format*.

Auguro che la lettura delle storie di successo contenute in questo libro possano essere fonte di ispirazione per chi desidera mettersi in proprio.

Buona lettura e tanti anni di Buon Franchising!


**Alessandro Ravecca**
Presidente Federfranchising - Confesercenti

# Capitolo 1
# Tecnocasa

 La storia del progetto in *franchising* e del *brand* Tecnocasa, tra i maggiori *network* italiani di agenzie immobiliari, è raccontata da Oreste Pasquali, fondatore e presidente del Gruppo. In Italia, attualmente le reti del Gruppo in *franchising* contano 2.259 agenzie, così suddivise: Tecnocasa settore residenziale (1.720, con Repubblica di San Marino); Tecnocasa Immobili per l'impresa (77); Tecnorete settore residenziale (458); Tecnorete Immobili per l'impresa (5). Kìron Partner S.p.A., costituita in Italia da 780 consulenti del credito e assicurativi distribuiti nei punti vendita Kìron (179) ed Epicas (5). Il Gruppo conta oggi oltre 3.300 agenzie nel mondo (dati a settembre 2019) e non comprende agenzie di proprietà diretta.

**Come nasce Tecnocasa**
***In che anno ha lanciato la sua attività aziendale e quando ha avviato il progetto in franchising?***

Il marchio Tecnocasa nasce nel 1979 quando iniziai un piano di sviluppo di agenzie di intermediazione immobiliare nell'*hinterland* milanese. L'idea di costruire una rete di uffici su strada, dando trasparenza al servizio di intermediazione immobiliare al quale avvicinare i clienti in modo diretto, la considerai utile e innovativa e nel 1986 decisi di adottare la formula del *franchising*. Il progetto partì con 60 agenzie immobiliari fino ad allora dirette personalmente e questo ci consentì di sviluppare il marchio, creando un metodo e segni distintivi ben organizzati e soprattutto di offrire ai giovani opportunità imprenditoriali con modalità operative più innovative e strutturate. L'adozione della formula *franchising*, basata sulla collaborazione commerciale tra imprenditori dona nuovo impulso alla rete Tecnocasa e ne qualifica gli agenti i quali, conducendo la professione in modo "assistito" e "organizzato", si differenziano dagli operatori che spesso si attivano in modo improvvisato.

**L'idea**
*Come è nata l'idea?*

I progetti nascono tutti da un sogno, da un proposito, da un'idea. Trent'anni fa, naturalmente, non potevo sapere cosa sarebbe successo, quale forma avrebbe preso l'organizzazione di un gruppo di giovani che hanno camminato con me. Con i miei primi collaboratori ho semplicemente cercato di creare un modello di professionalità e una mentalità orientata al cliente che sono diventati poi il nostro metodo di lavoro organizzato. Già prima della laurea in Economia e Commercio conseguita nel 1971 alla Cattolica di Milano, nel 1969 inizio ad appassionarmi al mondo dell'intermediazione immobiliare con la ferma volontà di costruire un progetto tutto mio, indipendente e dinamico. Dopo i primi uffici aperti a Milano in collaborazione con alcuni amici e soci, capii che era necessario apportare dei cambiamenti all'attività e feci della formula del *franchising* non solo una scelta professionale, bensì una vera e propria sfida. Seguirono due tappe importanti della creazione di Tecnocasa: il 1979, anno della nascita del marchio e il 1986, anno di adozione della formula *franchising*. Quanto al marchio, che ancora oggi utilizziamo, mi sono cimentato in prima persona nella realizzazione; scegliendo il verde, perché mi ispirava un senso di tranquillità, mentre la parola "Tecno" che mi richiamava il concetto di tecnologia a supporto del lavoro e allo stesso tempo di preparazione tecnica, mi venne in mente riflettendo su Regazzoni, pilota di Formula 2 che correva appunto sulla Tecno. Così, dopo aver studiato esempi già esistenti in altri settori, scelsi questa formula perché vedevo giovani capaci che potevano potenzialmente trasformarsi in imprenditori. Ho quindi costruito un progetto allargato e significativo, rinunciando alle mie agenzie e lanciando il modello *franchising*, nel quale ognuno sarebbe diventato titolare e proprietario di un'agenzia a gestione autonoma.

**Strategie**
*Quali sono state le strategie e i segreti della crescita del format?*

Per creare un grande gruppo e mantenere il suo valore nel tempo non ci sono formule magiche ma tanto impegno e una *mission* chiara: promuovere valori etici e una *leadership* morale nella gestione degli affari. Una *mission* efficace deve essere collegata al concetto di valore e deve rispondere sostanzialmente a un'unica domanda: «Come intendiamo vincere oggi, nel nostro *business*»?
L'unico modo per dare un servizio trasparente, onesto e professionale al cliente, è fare delle giuste scelte in tema di risorse umane e di investimenti. Il nostro Gruppo è legato all'intermediazione immobiliare, ma anche a tutti i servizi integrati e tesi a soddisfare le esigenze del cliente. Ogni ramo ha un compito complementare all'altro. Il nostro *network* ci spinge alla cooperazione, ci porta alla soluzione dei problemi, ci fa compiere più rapidamente progressi rilevanti dal punto di vista tecnologico, delle competenze, dell'efficacia commerciale delle nostre agenzie. Il nostro *format* è sempre attuale: il metodo Tecnocasa si è evoluto nel tempo recependo le nuove regole del legislatore e le esigenze di un cliente sempre più attento, informato e selettivo. Tuttavia, mantiene i suoi principi cardine: la vicinanza al cliente, la trasparenza nel servizio, la capacità di professionisti, sempre più preparati dalla formazione interna, di stringere forti relazioni sul territorio.

**Errori da cui imparare**
*Qual è stato l'errore più importante che ha commesso e che cosa ha imparato da quell'errore?*

Chi non lavora non commette errori. Sembra banale ma è così. Abbiamo fatto errori anche noi e abbiamo cercato di imparare da essi.

**Sfide**
*Qual è stata la sfida che ha affrontato e come l'ha superata?*

La nostra è una bella squadra e con grande soddisfazione posso dichiarare che Tecnocasa è un gruppo coeso e solido. Negli anni abbiamo lavorato sodo per uniformare tutti i processi di gestione della rete, come si richiede a una vera società di *franchising*. A tutti i livelli: informatico, pubblicitario, di comunicazione on line e off line. Questo processo è costante, ci permette di stare al passo con i tempi, adeguarci ai mutamenti degli scenari e delle legislazioni, mantenendo salda la nostra identità attraverso scelte ponderate e responsabili a beneficio del cliente e dell'intero sistema. In tal senso sentiamo forte la nostra responsabilità sociale.

**Successo**
*Quale ritiene sia stato il suo successo più importante?*

Il mio desiderio più grande era quello di preparare una nuova categoria di professionisti dell'immobiliare e del creditizio, in grado di comprendere, risolvere con onestà e grande professionalità i bisogni del cliente perché la casa è il bene più prezioso per ognuno di noi. Io sono soddisfatto quando vedo clienti soddisfatti, giovani che si avviano alla professione e affiliati storici che, dopo trent'anni, sono ancora nel gruppo con il cuore e con la voglia di impegnarsi, migliorarsi ed esprimere tutto il loro potenziale di imprenditori. Ecco, sentirmi utile e parte di un tutto che conta 14mila persone e varca nazioni e confini, mi fa sentire contento.

**Futuro**
*Quali sono i suoi obiettivi futuri?*

Il nostro intento per il futuro è di continuare lo sviluppo di tutte le reti mantenendo la posizione nel settore. Sviluppo che potrà essere sostenibile nel tempo se appoggerà sui criteri fondamentali che distinguono la nostra formula *franchising* e la nostra filosofia: crescita interna, preparazione professionale adeguata e perseguimento della *mission* aziendale.

Nonostante il mercato immobiliare abbia riflesso le problematiche finanziarie, economiche, politiche di questi ultimi anni, vogliamo continuare a essere un'occasione di crescita e di rilancio economico per tutti coloro che appartengono al gruppo e che in futuro ne vorranno fare parte. Anche svilupparci ancor di più oltre confine fa parte delle nostre strategie, l'internazionalizzazione è infatti un obiettivo perseguito con determinazione al pari della qualità del servizio al cliente.

# Capitolo 2
## Segafredo Zanetti Espresso

La storia del progetto in *franchising* e del *brand* Segafredo Zanetti Espresso, uno dei maggiori *network* nel settore della caffetteria e della torrefazione a respiro italiano, è raccontata da Pascal Héritier, *chief operating officer* di Massimo Zanetti Beverage Group. Oggi la rete conta, nel nostro Paese, quindici locali in sedi di prestigio ad alta visibilità, di cui tre in *franchising*, e altri dieci di prossima apertura. All'estero è presente con circa trecentocinquanta locali in *franchising* in quarantotto Paesi del mondo.

**Come nasce Segafredo Zanetti Espresso**
*In che anno avete lanciato l'attività aziendale e quando avete avviato il progetto in franchising?*

Nel 1988 avevamo già aperto il primo Segafredo Zanetti Espresso all'Opera di Parigi, per poi inaugurarne uno nel cuore di Vienna nel 1989. Questo è stato l'inizio del nostro sviluppo globale. Il *format* Segafredo Zanetti Espresso è stato pensato per esportare la cultura del caffè italiano nel mondo. In Italia abbiamo iniziato il progetto di *franchising* solo alla fine degli anni '90.

**L'idea**
*Come è nata l'idea?*

Da oltre cinquant'anni, centomila austriaci, tedeschi, olandesi si recano almeno una volta all'anno in Italia. La prima cosa che fanno, dopo aver attraversato il Brennero, è una sosta all'autogrill e si godono il loro primo espresso, cappuccino o caffelatte con un cornetto croccante, un tramezzino o una focaccia.

Si adattano immediatamente allo stile di vita del Belpaese e se lo godono appieno durante le vacanze. Non solo pizza e pasta, ma anche un classico aperitivo o digestivo italiano con un Campari, un Martini o un Aperol abbinato ai tipici spuntini.

Apprezzano l'espresso non solo al mattino, ma anche durante la giornata. Al loro rientro in patria ritornano al caffè filtrato.

L'idea di base è stata quella di permettere a tutte queste persone di portare con sé lo stile di vita e la cultura italiani e farli sentire come se fossero in vacanza tutto l'anno. Entrare in un Segafredo Zanetti Espresso è la via più breve per raggiungere l'Italia, ovunque tu sia: questo è stato il punto di partenza del successo.

**Strategie**
*Quali sono state le strategie e i segreti della crescita del format?*

La strategia di base è stata trovare italiani residenti all'estero, o cittadini locali fortemente legati allo stile di vita italiano e dare loro la possibilità di diventarne ambasciatori.

Per definire una chiara identità, abbiamo creato il nostro *design* e l'allestimento del negozio utilizzando i colori della nostra azienda, ovvero rosso, nero e bianco; in questo modo siamo diventati unici al mondo e più volte hanno tentato di copiarci.

**Errori da cui imparare**
*Qual è stato l'errore più importante che avete commesso e che cosa avete imparato da quell'errore?*

Molto probabilmente il nostro approccio riservato e silenzioso: nonostante i grandi successi ottenuti nel corso di questi anni, sono certo che un'azienda americana avrebbe pubblicizzato e comunicato in modo molto più "deciso" tutte queste fantastiche aperture e i processi di sviluppo nel mondo.

**Sfide**
*Qual è stata la sfida che avete affrontato e come l'avete superata?*

Una delle sfide più grandi è stata forse la prima apertura in Giappone. Come si trasmette lo stile di vita italiano e il modo di vivere italiano a clienti che non hanno mai visitato il Paese e forse non lo trovano nemmeno sulla mappa? Come si insegna a baristi locali - che per loro natura sono introversi - a comportarsi in "modo italiano"? Noi abbiamo puntato molto sul *training*: saper fare il vero caffè all'italiana è il modo più veloce per entrare nell'"italian way of life". Abbiamo poi inserito nei *format* dei locali elementi che ricordassero le nostre piazze e i nostri selciati. Poi li abbiamo arredati con alcune icone internazionali dell'italianità: la Vespa Piaggio, la Ferrari, la Fiat 500. Da ultimo abbiamo pensato all'abbigliamento e ci abbiamo investito. Solo stilisti italiani per le divise di camerieri e baristi. Abbiamo insegnato loro alcune espressioni idiomatiche in italiano, alcuni modi di gesticolare tipici. E poi, immancabile, abbiamo scovato un barista italiano trasferito per amore in Giappone e lo abbiamo messo a capo dello *staff*. È stata la mossa giusta.

**Successo**
*Quale ritiene sia stato il vostro successo più importante?*

Durante questi anni, abbiamo riscosso molti successi. Uno degli ultimi, e forse uno dei più importanti in termini simbolici, è un accordo siglato con la *Custodia di Santa Terra* a Gerusalemme. Abbiamo appena aperto con il "Francescano" il primo Segafredo Zanetti Espresso nel cuore di Gerusalemme.

**Futuro**
*Quali sono i vostri obiettivi futuri?*

Faremo crescere i nostri *brand* e diventeremo il primo *concept* italiano di quinta generazione. Lanceremo un nuovo formato il - Segafredo Select - dando così nuovamente un chiaro messaggio al mercato. La strategia sarà aprire in luoghi di prestigio planetario, integrando tutte le caratteristiche principali della preparazione del caffè all'italiana, compreso un piccolo laboratorio di torrefazione.

# Capitolo 3
# Il Gruppo Gabetti

La storia del progetto in *franchising* e dei *brand* del Gruppo Gabetti, uno dei maggiori *network* di intermediazione immobiliare in Italia, è raccontata da Marco Speretta, direttore generale del Gruppo Gabetti.

A oggi, le agenzie Gabetti, Grimaldi e Professionecasa contano più di 1.200 punti vendita su tutto il territorio italiano, dalla Sicilia alla Sardegna, dalla Calabria al Trentino Alto Adige.

**Come nascono i *brand* del Gruppo Gabetti**
*In che anno è stata lanciata l'attività aziendale e quando è stato avviato il progetto in franchising?*

I marchi in *franchising* del Gruppo Gabetti hanno tre storie importanti da raccontare, che hanno tracciato non solo la loro identità, ma anche quella dello stesso gruppo.

La prima agenzia immobiliare Gabetti nasce nel 1950, nella città di Torino.

Grimaldi, invece, viene fondata nel 1980, ed è la prima realtà a portare in Italia il *franchising* immobiliare.

Professionecasa, invece, è la rete più giovane del gruppo, anche se ha all'attivo già 30 anni di attività e dal 1986 affianca gli italiani nel proprio acquisto più importante, la casa.

Nel 2008 si raggiunge un accordo tra le tre reti sotto un'unica Holding. Il Gruppo diventa, così, una delle realtà più grandi del panorama dei sistemi in *franchising* del settore immobiliare in Italia, concentrando la sua esperienza e tutte le competenze sull'evoluzione della professione, da agente a consulente immobiliare.

## L'idea
*Come è nata l'idea?*

L'accordo tra i tre *brand* ha portato a un forte incremento della capillarità sul territorio e a una contaminazione di idee e progetti che è poi sfociata in una importante scelta di posizionamento: l'evoluzione, appunto, della figura di agente immobiliare in consulente immobiliare. Un approccio differente al mercato, che ci ha consentito di applicare nuovi strumenti a tutta la filiera del *real estate*.

Le agenzie sono diventate dei veri e propri luoghi di consulenza, con questa nuova figura professionale, un imprenditore che sa come offrire ai suoi clienti una serie di altri servizi, come: l'intermediazione, i servizi tecnici, le assicurazioni, i mutui, i servizi di ristrutturazione e riqualificazione, l'amministrazione condominiale e la gestione degli immobili in esecuzione immobiliare (aste, saldi e stralcio).

Questa è un'evoluzione che ha interessato tutti i nostri tre *brand* in *franchising*, che hanno mantenuto, allo stesso tempo, la loro forte caratterizzazione e il loro differente posizionamento sul mercato, differente nel metodo di lavoro e di approccio al cliente.

## Strategie
*Quali sono state le strategie e i segreti della crescita del format?*

Stiamo puntando a una sempre più forte differenziazione strategica tra i tre marchi e a far crescere il portafoglio di servizi del consulente. Grimaldi infatti, è la protagonista di un nuovo progetto che rivoluziona il concetto di lavoro, dove il consulente non ha più un'agenzia ma ha la possibilità di lavorare in modo *smart* e senza vincoli di zona grazie al supporto del Gruppo e alla collaborazione dei colleghi.

Nasce quindi la figura del *Family Agent*, che opera con un modello più flessibile, dove il cliente ricerca il proprio consulente e non più l'immobile. Il *Family Agent* lavora in spazi di *co-working* (i Grimaldi Store) attraverso una logica di *sharing* con altri consulenti che collaborano tra loro.

In Gabetti stiamo spingendo il consulente a essere un imprenditore del settore, che fa *business* non solo sulla mediazione ma anche sui servizi collaterali, tra cui la riqualificazione.

Il consulente Gabetti collabora con le strutture del gruppo anche nei settori diversi come il *corporate*, i frazionamenti e i cantieri.

In Professionecasa, con l'apertura delle agenzie dirette, stiamo lavorando su un grande progetto di sviluppo locale per espandere la rete, una rete più giovane e proattiva che ha una crescita interna e offre a molti giovani la possibilità di crearsi un futuro imprenditoriale.

**Errori da cui imparare**
***Qual è stato l'errore più importante che ha commesso e che cosa ha imparato da quell'errore?***

Nel periodo in cui il gruppo è stato, allo stesso tempo, una *property company* e una società di servizi, ci siamo trovati a essere meno elastici, e questa mancata focalizzazione sul *business* purtroppo ha generato degli squilibri. Questo non è stato l'unico errore.

Non avremmo dovuto fare aggregazioni senza possedere un controllo diretto, così come avremmo dovuto puntare, sin da subito, al 100 per cento sul *franchising* che, soprattutto nei periodi difficili di mercato, come quello che da poco abbiamo superato, ci avrebbe permesso di affrontare diversamente alcune dinamiche. È pur vero che, a volte, gli errori ti aiutano a cambiare prospettiva.

I nostri errori, forse, ci hanno permesso di fare qualche passo avanti in più. Quando ci si rialza, si è sempre più forti e più determinati.

**Sfide**
***Qual è stata la sfida che ha affrontato e come l'ha superata?***

Far coesistere tre realtà diverse, ma come?

Semplicemente creando la giusta sinergia tra di loro, che sono figlie di un unico *full service provider*, ma ognuna con interessi e obiettivi diversi. Una buona idea, che ci sta permettendo di andare nella direzione giusta, è di accorciare la catena di controllo, affidando la gestione diretta a un *top management* presente in tutte le realtà chiave del gruppo.

**Successo**

***Quale ritiene sia stato il suo successo più importante?***

Personalmente l'aver mantenuto nel tempo la *leadership* del marchio e in particolare l'aver mantenuto il legame tra la persona e il territorio. Come azienda, essere rimasti sempre un punto riferimento per i clienti e per tutte le loro esigenze immobiliari.
Questo vuol dire essere riusciti a seguire bene l'evoluzione del mercato.
Tant'è che i *brand* del nostro gruppo hanno un sapore tutto italiano.

**Futuro**

***Quali sono i suoi obiettivi futuri?***

Il cliente è sempre più esigente e consapevole di ciò che desidera, semplicemente perché punta ad avere una vita di qualità.
Basti pensare a tutti i nuovi *trend* che si sviluppano attorno alla filosofia dello "stare bene".
E questo percorso di presa di coscienza del cliente nell'applicare la regola del *comfort* su ogni aspetto del proprio stile di vita sta coinvolgendo sempre di più il luogo dell'abitare: la casa.
Per questo motivo, ancora una volta, vogliamo anticipare il mercato, creando un'agenzia che guidi i temi della sostenibilità e che diventi il punto di incontro tra i clienti e le imprese che si occupano di riqualificazione e ristrutturazione.
Anche su questo servizio, puntiamo ad avere una presenza sempre più capillare, a livello regionale, provinciale e comunale.

Siamo stati protagonisti quando l'Italia è stata costruita e vogliamo esserlo quando verrà riqualificata.

# Capitolo 4
# Cibiamogroup

La storia del progetto in *franchising* e del *brand* Cibiamogroup, uno dei maggiori *player* italiani nel settore della ristorazione veloce, è raccontata da Alessandro Ravecca, presidente e amministratore delegato del marchio (oltre che presidente di Federfranchising, una delle tre associazioni nazionali del settore). Oggi la rete conta oltre 100 punti vendita tra i marchi "Cibiamo", "La bottega del Caffè", "Virgin Active Café" e "Mondadori Café", gestiti solo al 10 per cento direttamente. All'estero invece, è stato inaugurato il primo punto vendita in Francia nel 2018, precisamente a Cannes.


**Come nasce Cibiamogroup**
*In che anno ha lanciato la sua attività aziendale e quando ha avviato il progetto in franchising?*

A 18 anni ho deciso di rilevare, insieme a mio fratello Giorgio, lo stabilimento balneare in cui lavoravo. Sempre negli stessi anni ho avviato alcune attività di ristorazione e nel 1992 ho deciso di aprire all'interno di un centro commerciale di nuova costruzione - il "Centroluna" di Sarzana (SP) - un *format* bar, focacceria e pizzeria che offrisse prodotti di qualità con un servizio rapido.
Grazie alle ottime *performance* a metro quadro, le persone che gestivano il centro mi suggerirono di creare un *format* da portare prima in altri centri commerciali liguri e poi, in tutta Italia. Così il progetto ha iniziato a prendere forma e sono avvenute le successive aperture a

marchio (marchio nato nel 2000) e nel 2002 anche de "La bottega del Caffè", *format* di caffetteria specializzata. Nel 2004 abbiamo iniziato una importante collaborazione con Virgin Active Italia per la quale abbiamo sviluppato un *format* di ristorazione e gestivamo direttamente oltre dieci punti vendita. È stato in quel momento che abbiamo capito che per crescere di più e meglio dovevamo intraprendere un nuovo percorso, così abbiamo iniziato la nostra avventura nel mondo del *franchising*.

## L'idea
### Come è nata l'idea?

L'idea alla base di Cibiamogroup è nata da un'intuizione che ho avuto tanti anni fa e dalla sinergia con i miei soci, Giorgio e il mio amico Claudio Bernardi.

Era l'inizio degli anni '90 e in Italia aprivano i primi centri commerciali, avevo da poco visitato il "Centro Torri" di Parma e quando ho saputo che avrebbe aperto il "Centroluna" in provincia di La Spezia ho pensato di sviluppare un *fast food* all'italiana con servizio veloce e prodotti artigianali e di qualità.

L'offerta e l'immagine del punto vendita sono risultate vincenti - pizza, focaccia e caffè erano i prodotti di punta - offerti in molteplici varianti e con una forte attenzione alla stagionalità. Sia io che i miei soci avevamo esperienze pregresse che ci sono servite a mettere a punto una formula che è stata subito riconosciuta localmente e ci ha permesso di attirare l'attenzione delle proprietà commerciali. Qualche anno dopo, nel 2002 è nata "La bottega del Caffè", studiata per rispondere all'esigenza di realizzare una caffetteria altamente specializzata che si affermasse in un mercato di bar e realtà locali.

## Strategie
### Quali sono state le strategie e i segreti della crescita del format?

Non ci siamo mai fermati e abbiamo sempre cercato di rinnovarci intercettando la domanda e i mutamenti dei consumatori, senza mai perdere di vista la qualità dei nostri prodotti e delle materie prime. Oggi possiamo dire che scegliere la qualità si è rivelata una scelta vincente, che ci ha permesso di crescere e farci conoscere e riconoscere.

Qualche anno fa, ascoltando i nostri clienti, abbiamo capito che per rimanere competitivi, la qualità non era più sufficiente ed era necessario fare un passo avanti: offrire un'esperienza a 360 gradi.

Nel 2016 abbiamo così intrapreso un profondo progetto di *restyling*, avvalendoci della collaborazione di Nadia Olivero, docente di Psicologia dei Consumi dell'Università Bicocca di Milano.

Le scelte di immagine, servizio e offerta sono state guidate dai nostri consumatori e sono state premiate.

Nel 2017 "La bottega del Caffè" ha vinto il *Foodservice Award* come miglior *format* di ristorazione nella categoria "Shopping Center", per la capacità di rinnovarsi e rispondere ai *trend* più contemporanei e nel 2018 siamo stati selezionati dall'Università Bocconi di Milano tra i *top brand* per la capacità di essere *premium* nel *consumer food service*.

**Errori da cui imparare**
***Qual è stato l'errore più importante che ha commesso e che cosa ha imparato da quell'errore?***

L'esperienza di gestione diretta ci ha permesso in passato di commettere alcuni errori, di comprenderli e di fare in modo che attraverso il *franchising* oggi, i nostri affiliati possano non ripeterli.

Un errore molto importante lo abbiamo commesso a Londra con "La bottega del Caffè", dando per scontato che bastasse avere ottimi prodotti ed essere italiani per poter avere successo.

Dopo il grande apprezzamento che avevamo riscosso durante il *London Franchising Show*, abbiamo deciso di intraprendere l'avventura londinese aprendo nel cuore commerciale della città, Regent Street.

Avevamo grandi aspettative e abbiamo fatto alcune scelte che si sono rivelate sbagliate.

Anche se le soddisfazioni non sono mancate abbiamo capito, dopo cinque anni e l'apertura di 3 punti vendita, di non aver raggiunto gli obiettivi sperati e siamo usciti dal mercato. Oggi affrontiamo l'estero con un atteggiamento più cauto e consapevole.

**Sfide**
*Qual è stata la sfida che ha affrontato e come l'ha superata?*

Passare da un *format* basato sull'artigianalità a un modello replicabile e standardizzabile che potesse essere sviluppato con successo tramite la logica del *franchising*.
Per affrontare questa sfida è stato fondamentale il contributo dei miei collaboratori che sono riusciti a standardizzare i processi e a condividere la propria esperienza in modo strategico.

**Successo**
*Quale ritiene sia stato il suo successo più importante?*

Essere stato nominato Presidente Nazionale di Federfranchising - Federazione Italiana Franchising è per me, che lavoro in questo settore da sempre, un grande riconoscimento e una grande opportunità che mi consente di contribuire a diffondere la cultura del *franchising* in Italia e di impegnarmi in modo concreto per migliorare e rafforzare questo settore.

**Futuro**
*Quali sono gli obiettivi futuri?*

Abbiamo rinnovato l'immagine e l'offerta del *format* "La bottega del Caffè" per meglio presidiare i canali già consolidati, come il centro commerciale, ma soprattutto per poter entrare nei centri storici e nel mercato estero (dove abbiamo già aperto con il primo punto vendita in Francia).

Stiamo cercando il giusto *partner* strategico per poter procedere con lo sviluppo estero per portare "La bottega del Caffè" e l'italianità nel mondo.

# Capitolo 5
## Mail Boxes Etc. - MBE

La storia del progetto in *franchising* e del *brand* MBE, uno dei maggiori *network* di distribuzione di servizi di spedizione e di prodotti *marketing* al mondo, è raccontata da Graziano Fiorelli, presidente onorario MBE Worldwide e Paolo Fiorelli, chairman and CEO MBE Worldwide, azienda proprietaria del marchio Mail Boxes Etc. In Italia, a oggi la rete conta oltre 540 centri servizi di cui 55 a gestione diretta. Attualmente, MBE opera sotto tre diversi marchi: Mail Boxes Etc., AlphaGraphics e PostNet e la sua rete globale conta più di 2.550 sedi in 47 paesi, con un fatturato aggregato di €861($956) milioni nel 2018.


**Come nasce MBE**
*In che anno è stata lanciata l'attività aziendale e quando è stato avviato il progetto in franchising? Quando invece avete acquisito la licenza del marchio per l'Italia?*

Ho portato Mail Boxes Etc. dagli Stati Uniti in Italia aprendo il primo punto vendita nel 1993, in Via Moscova n.13 a Milano, dopo aver analizzato e apprezzato la straordinaria forza di questo modello di *business* in *franchising*, aver intuito le enormi potenzialità di sviluppo, apportato i necessari adattamenti alle specificità del nostro mercato.
Intuizione supportata da una ultraventennale esperienza maturata come *chairman* e *CEO* di una azienda *leader* nel *mail order* (oggi chiamato *e-commerce*) da cui ho compreso le profonde carenze del servizio postale dell'epoca, che rendevano oltremodo difficoltosa la gestione del *business*. I fatti hanno poi dato ragione a quelle analisi e a quella

intuizione. Da allora MBE Italia ha registrato ogni anno crescite significative sia in termini di fatturato aggregato della rete dei negozi, che di numero di punti vendita in *franchising* attivati, fino a diventare un modello replicato su altri mercati.

## L'idea
### Come è nata l'idea?

L'idea è nata leggendo un'intervista sul *Corriere della Sera* nella quale si raccontava che un certo Tony De Sio, un americano i cui avi erano originari di Caserta, cercava imprenditori per far crescere la propria attività in Europa. Nell'intervista Tony De Sio spiegava che, dopo aver aperto un piccolo centro servizi adibito a casellario postale, ben presto decise di allargare tale attività ad altri servizi di supporto per i privati. Battezzata Mail Boxes Etc., l'iniziativa imboccò ben presto la strada del *franchising*, una formula distributiva che negli Stati Uniti è applicata oggi nel 38 per cento dei punti vendita (in Italia siamo al 7 per cento). Insomma, lessi quell'intervista e ne rimasi colpito. Così decisi di contattarlo e, insieme a mio figlio Paolo, incontrai Tony De Sio a San Diego. Di lì a pochi mesi, fondai Sistema Italia 93 diventando *master licensee*, ossia licenziatario esclusivo di Mail Boxes Etc. per l'Italia. Da singolo imprenditore ho quindi colto un'opportunità di *business* già testata in ambito internazionale e l'ho impiantata in Italia. Avevo valutato come fattori positivi la mancanza qui di un modello di *business* simile, innovativo e promettente.

## Strategie
### Quali sono state le strategie e i segreti della crescita del format?

La strategia dell'espansione a livello internazionale è una delle più importanti per MBE. Se fosse stato per me avrei forse potuto anche accontentarmi di quanto realizzato in Italia, ma mio figlio Paolo ha fortemente voluto l'internazionalizzazione e credo avesse ragione, forte di una convinzione: fin dal 1993 era infatti certo che nel giro di pochi decenni, specialmente nel terziario, ragionare solo in termini di mercato domestico e non internazionale, significasse avere poche *chances* di restare sul mercato. La nostra attività fuori dei confini nazionali è iniziata tra il 2000 e il 2001, quando abbiamo acquisito la licenza esclusiva del marchio Mail Boxes Etc. per la Spagna e la Germania. Nel 2012 si è aggiunta la Francia e qualche anno dopo abbiamo inserito la gestione diretta anche di Polonia e Portogallo.

Il grande salto lo abbiamo compiuto nel 2009, anno in cui, tramite MBE Worldwide S.p.A., abbiamo acquisito dalla statunitense MBE Inc., a sua volta posseduta da UPS Inc., tutte le attività Mail Boxes Etc. a livello mondiale, diventando quindi titolari del marchio, del *business format* e di tutti i contratti di *master franchising* esistenti a livello mondiale (con eccezione di Stati Uniti e Canada rimasti in capo a MBE Inc.). MBE Worldwide è così diventata il *franchisor* mondiale del marchio Mail Boxes Etc. Non solo. Nel 2017, MBE Worldwide ha acquisito AlphaGraphics e PostNet (due società americane con un'offerta di servizi simile a MBE) ampliando il proprio *network* globale.

**Errori da cui imparare**
***Qual è stato l'errore più importante che ha commesso e che cosa ha imparato da quell'errore?***

Gli errori quando si parla di un *business* di servizi con un coinvolgimento massiccio della componente umana sono inevitabili, ma la capacità di contrastarli e imparare velocemente da questi fa la differenza. Sicuramente sarebbe stato un errore non investire nell'internazionalizzazione, ma questo non l'abbiamo fatto.

**Sfide**
***Qual è stata la sfida che avete affrontato e come l'avete superata?***

A questo punto, lascio la parola a mio figlio, Paolo Fiorelli: «La sfida si pose fin dall'inizio. Il debutto non risultò certo agevole anche perché l'avvio di un *concept* così innovativo per l'Italia presentava diverse incognite e non pochi problemi. In effetti, bisognava adattarlo alle esigenze del nostro mercato e dei nostri consumatori che non erano quelle americane. E poi costruire la squadra iniziale e quindi convincere imprenditori indipendenti della qualità della nostra proposta di affiliazione, al fine di poter avviare lo sviluppo della rete nei diversi paesi. In altre parole, bisognava trovare dei bravi "piloti", pronti a farsi carico di determinate regole e capaci soprattutto di declinarle con spirito imprenditoriale. Alla fine, pur in presenza di condizioni alla pari, il successo lo decreta la bravura del pilota. Abbiamo superato la sfida individuando degli ottimi piloti, alcuni eccellenti che anche oggi sviluppano risultati straordinari».

**Successo**
*Quale ritenete sia stato il vostro successo più importante?*

Imprenditorialmente, abbiamo sicuramente avuto molti momenti importanti sino a oggi. Ma l'acquisizione di Mail Boxes Etc. a livello globale nel 2009 è l'operazione che ha segnato un 'prima' e un 'dopo' nella nostra traiettoria imprenditoriale.

**Futuro**
*Quali sono i vostri obiettivi futuri?*

La capacità di saper continuamente rinnovare il sogno è la migliore declinazione possibile dell'ambizione!

# Capitolo 6
## Privatassistenza

La storia del progetto in *franchising* e del *brand* Privatassistenza, uno dei maggiori *network* nel settore dell'assistenza domiciliare alla persona, è raccontata da Sergio Torelli, CEO del marchio. Oggi la rete conta, nel nostro Paese, 220 centri affiliati in tutta Italia e 2 sedi di coordinamento a Milano e Reggio Emilia. All'estero invece, possiede 1 punto diretto in Svizzera avviato nel 2017 come progetto pilota per una prossima espansione in altri mercati esteri.

**Come nasce Privatassistenza**
*In che anno ha lanciato la sua attività aziendale e quando ha avviato il progetto in franchising?*

La rete in *franchising* Privatassistenza è nata nel 1993 a Reggio Emilia.

**L'idea**
*Come è nata l'idea?*

Nel 1993 lavoravo in una società di Modena che si occupava di finanziamenti, mutui e *leasing*. All'epoca si assisteva in Italia al primo boom del *franchising*, infatti molti imprenditori si rivolgevano a noi per ottenere finanziamenti per l'avvio delle loro *start up*. La società in cui lavoravo stava muovendo i primi passi in questa direzione: trovare clienti interessati all'apertura di un negozio in *franchising*.

Un pomeriggio venne da me mio cognato con un'idea. Nel 1987, 5 anni prima, aveva costituito una società che si occupava di assistenza alla persona.

L'idea gli era nata a fronte di un problema familiare. La nonna era ammalata e doveva essere accudita continuamente. Entrava in ospedale e doveva essere seguita di notte, tornava a casa e non era autosufficiente. Il nonno faceva quello che poteva ma aveva sempre bisogno di un aiuto esterno. Le difficoltà nel trovare la persona giusta, di chiamarla all'occorrenza, di pagarla il giusto, fecero nascere l'idea: chissà quante altre persone si trovavano nelle stesse condizioni. Aprì il primo centro di assistenza domiciliare a Reggio Emilia, era il primo assoluto in Italia.

Qualche giorno dopo eravamo nella sua taverna a discutere di come creare una rete in *franchising* per l'assistenza di anziani e malati.

Trascorremmo le settimane successive a girare l'Italia per realizzare un'analisi di mercato, un *business plan*, un piano operativo e decisi di lasciare un lavoro sicuro per iniziare a inseguire il mio sogno imprenditoriale.

Tre mesi dopo, avevamo costituito Italiassistenza, proprietaria del marchio Privatassistenza, la prima rete nazionale di assistenza domiciliare in *franchising*.

**Strategie**
*Quali sono state le strategie e i segreti della crescita del format?*

Ispirandoci ad altri progetti *franchising* abbiamo inizialmente costruito un *format* piuttosto rigido, in cui dettavamo linee guida definite sulla gestione dei servizi e dei prezzi, lasciando poco spazio d'azione al singolo. L'attività funzionava ma cresceva lentamente, gli affiliati esprimevano malcontento, desideravano più autonomia.

Nel 2003 la svolta. Dopo 10 anni capimmo che, nel nostro settore, l'affiliato doveva essere un attore protagonista, una risorsa per costruire una vera e propria squadra che remasse nella giusta direzione.

Abbiamo dato piena autonomia agli affiliati nella gestione del lavoro, nell'offerta dei servizi, nella scelta del prezzo, affinché potessero confrontarsi con la realtà del proprio territorio. La strategia fu azzeccata e i nostri imprenditori iniziarono a lavorare meglio e con più risultati.

Parallelamente dovevamo lottare con nuove insegne che nascevano e imitavano il nostro modello, il nostro nome, il nostro marchio. Avevamo sempre investito sul *brand*, il sito privatassistenza.it era on line già dal 1998, ma per distinguerci dovevamo fare un passo clamoroso per la nostra piccola azienda: optammo per una campagna nazionale televisiva.

Decidemmo di acquistare più di 100 passaggi televisivi sulle reti Mediaset. Lo *slogan* recitava: "Non c'è esercizio migliore per il cuore che stendere la mano e aiutare gli altri ad alzarsi".

Fu un successo.

Arrivarono oltre 900 richieste di affiliazione e, contemporaneamente, i nostri affiliati videro raddoppiare le richieste di servizio.

Dopo questo investimento diventava anche un po' più difficile copiarci. "Noi eravamo Privatassistenza, quelli dello spot in TV".

**Errori da cui imparare**
*Qual è stato l'errore più importante che ha commesso e che cosa ha imparato da quell'errore?*

C'è una frase di Michael Jordan che mi torna spesso in mente: "Il talento ti fa vincere una partita, l'intelligenza e il lavoro di squadra ti fanno vincere un campionato. Nella mia carriera ho sbagliato più di 9.000 tiri, ho perso quasi 300 partite, 36 volte i miei compagni mi hanno affidato il tiro decisivo e l'ho sbagliato. Nella vita ho fallito molte volte, ed è per questo che alla fine ho vinto tutto".

Negli anni ho commesso tanti errori e da tutti ho imparato qualcosa. Sbagliare è inevitabile, riconoscere l'errore, saperlo accogliere, correggerlo e andare avanti è fondamentale.

Su una cosa non si possono fare sconti: rispettare i propri valori. I miei hanno a che fare con la passione, il rispetto, l'entusiasmo, la dedizione, lo spirito di sacrificio e la consapevolezza che i risultati non si ottengono mai da soli, ma insieme a una squadra di persone appassionate e capaci, in cui si lavora uniti per lo stesso obiettivo: fare bene il nostro lavoro per il bene dei nostri affiliati e dei loro pazienti.

**Sfide**
*Qual è stata la sfida che ha affrontato e come l'ha superata?*

Lavoriamo in un settore non regolamentato, in cui si stima che i lavoratori dedicati ai servizi alla persona (*colf*, badanti, collaboratori domestici) rappresentino quasi la metà del lavoro irregolare in Italia. Da oltre 25 anni combattiamo per avere normative specifiche e su misura, contratti chiari, regolari e riconosciuti.
Finalmente negli ultimi anni, siamo riusciti a raggiungere due obiettivi fondamentali: la certificazione dei contratti, a tutela del lavoro flessibile, e un accordo sindacale esclusivo, che permette ai nostri centri e alle famiglie nostre clienti, di ottenere un servizio badante in regola, a costi accessibili e con un servizio su misura per le varie necessità.
Per noi questo risultato rappresenta un grande traguardo, un'apertura verso un nuovo modo di lavorare, a tutela delle famiglie e degli operatori del settore.

**Successo**
*Quale ritiene sia stato il suo successo più importante?*

Credo che il successo più importante sia fare un lavoro che adoro e che svolgo, nonostante siano passati 26 anni, con la passione e l'entusiasmo del primo giorno. Spesso mi chiedono: cos'è per te Privatassistenza? Il mio pensiero va immediatamente a mia madre.
"Mamma, adesso sei lì seduta in carrozzina, mi guardi ma non mi riconosci, mi senti ma non mi capisci, mangi ma non ti nutri, pensi ma non ricordi. Ti vedo debole e vulnerabile. Soffro ma non so cosa fare. Poi ti accarezzo il viso. Tu mi sorridi, ricambi la carezza e mi mandi un bacio. Allora capisco che un gesto d'amore vale più di 1.000

parole. Capisco che, anche se non sono presente, una carezza e un sorriso non ti devono mai mancare". Allora capisco qual è il modo migliore per spiegare cos'è Privatassistenza: è fare bene il nostro lavoro, per il bene dei nostri assistiti e delle loro famiglie. Con cuore e passione.

**Futuro**
*Quali sono i suoi obiettivi futuri?*

Nel prossimo futuro vedo una rete che cresce e si consolida, un nostro centro in ogni territorio italiano, tanti futuri imprenditori che riusciranno a realizzare il loro sogno professionale, pieno di gratificazioni sia economiche che sociali.
Ma soprattutto vedo un imprenditore della rete che lavora con impegno, senza perdere mai passione ed entusiasmo, e che da questo lavoro riceve tanta soddisfazione.

# Capitolo 7
# Kasanova

La storia del progetto in *franchising* e del *brand* Kasanova, uno dei maggiori *network* italiani nel settore della distribuzione dei casalinghi, è raccontata da Maurizio Ghidelli, amministratore delegato del marchio.
A oggi la rete conta 352 negozi a marchio, di cui 179 affiliati, includendo 24 *shop in shop* e 173 diretti.
All'estero invece, è presente in Libano, Francia e in Cina.


**Come nasce Kasanova**
*In che anno è stata lanciata l'attività aziendale e quando è stato avviato il progetto in franchising?*

Giannina Fontana, la fondatrice, inizia a vendere casalinghi a 13 anni per aiutare il padre nell'attività di ambulante e poi di grossista. Nel 1960, dopo la morte improvvisa del papà, prende le redini dell'azienda. Sono gli anni in cui il sistema commerciale del casalingo comincia a entrare in crisi e Giannina Fontana intuisce che l'attività di grossista è destinata al declino e decide di avviare l'attività in *franchising*. Siamo nel 1994.

**L'idea**
*Come è nata l'idea?*

Occorre tornare con la memoria ai primi anni '90 e ricordare com'era la distribuzione in Italia nel settore dei casalinghi. Da un lato i negozi di "porcellane" di fascia alta, quelli nei quali si entrava in occasione delle ricorrenze familiari; dall'altro i dettaglianti più simili a dei *bazar* mediorientali, dove "si vendeva di tutto" con un assortimento che andava dai casalinghi di fascia medio-bassa alla ferramenta.

Noi non eravamo altro che un'azienda con una buona tradizione di grossista per questa seconda categoria di dettaglianti, con una gamma molto ampia di prodotti di livello medio e medio-basso, una ventina di dipendenti e un fatturato di circa 10 miliardi di lire.

Fu proprio in quel periodo che intuimmo di dover cambiare rotta e lavorare sulla costruzione di una catena di negozi in *franchising* con il marchio "Kasanova - L'amante della Casa", nato nel 1994.

In quel momento un altro imprenditore aveva già seguito un simile indirizzo: si trattava di un grossista che aveva dato vita a una rete di 23 negozi in *franchising* e che aveva raggiunto un discreto volume d'affari.

Nonostante la primogenitura dell'idea, questa realtà non ebbe il coraggio di "cambiare completamente pelle", di fare gli investimenti indispensabili per valorizzare il marchio e per supportare i *franchisee*.

Rimase per alcuni anni in un posizionamento ibrido, scontentando sia i dettaglianti tradizionali sia gli affiliati e ciò gli fu fatale.

Imparando dagli errori del pioniere acquisimmo il responsabile della rete concorrente e rilevammo i *franchisee*, partendo con un progetto di *franchising* puro e con un investimento sul marchio di cinquecento milioni di lire.

L'attività di grossista venne completamente abbandonata rinunciando a oltre 800 clienti, in favore del nuovo sistema di *franchising*. Kasanova divenne così l'unico caso italiano nella distribuzione dei casalinghi.

**Strategie**
*Quali sono state le strategie e i segreti della crescita del format?*

L'indirizzo strategico è in costante mutamento, siamo passati dalla vendita tradizionale con un *focus* importante sulla Lista Nozze all'omnicanalità di oggi. Durante la crescita del *format*, una delle innovazioni principali fu la modernizzazione della Lista Nozze, l'unica in cui era possibile acquistare i regali scelti dagli sposi sia sul sito web, che in un qualsiasi negozio Kasanova, servizio completato con elettrodomestici, valigeria, *fitness* e viaggi di nozze.

Nel 2010 parte il progetto *private label* con un catalogo di prodotti realizzati su nostre specifiche per soddisfare i più elevati requisiti di qualità a prezzi accessibili.

Nel 2013 nasce la prima linea di pentole a marchio Kasanova, "Petra", l'essenza del nostro marchio.

Nel 2015 raggiungiamo il traguardo dei 2.5 milioni di pentole a nostro marchio vendute in un anno.

Nel 2016 la società cambia assetto, da F.lli Fontana a Kasanova S.p.A. e nel 2017 nasce il progetto *shop in shop*, con l'apertura di aree di vendita Kasanova all'interno di negozi Brico.

Nel 2018 le prime aperture all'estero, in Francia e in Libano, e il rinnovo del sito di *e-commerce*.

Il 2019 è l'anno della multicanalità, con ulteriori sviluppi del canale web con l'introduzione del *Klicca&Ritira* per acquistare on line e ritirare in negozio.

E poi lo *Shop&Dely* per acquistare in negozio prodotti ingombranti e riceverli a casa.

Recentemente abbiamo presentato il primo servizio di *e-commerce* on line 'umanizzato' in Europa, il *Web Assistant*.

Si fanno acquisti da casa registrandosi, tramite computer, sul nostro sito e dopo il *login*, ci si trova all'interno di un 'vero' negozio Kasanova, dove fare *shopping* in compagnia di un commesso 'reale'.

Un *Web Assistant* che grazie all'utilizzo di speciali 'smart glasses' mostra nel dettaglio i prodotti all'interno dello *store*, accompagnando il visitatore in tutte le fasi dell'acquisto.

Sempre nel 2019 l'apertura del primo negozio Kasanova in Cina, a Shenzhen, un nuovo *format*, con un Café all'italiana in cui degustare piatti tipici italiani e non solo, preparati con gli strumenti Kasanova. Una esposizione in cui convivono prodotti per la preparazione e alimentari, il tutto condito con grafiche esplicative in cui vengono spiegati ingredienti, prodotti e relativi utilizzi.

**Errori da cui imparare**
*Qual è stato l'errore più importante che ha commesso e che cosa ha imparato da quell'errore?*

Kasanova ha sempre cambiato le carte in tavola quale evoluzione necessaria del *format* a seguito dei cambiamenti sociali.
Come in un qualsiasi ambito di ricerca, investire sul futuro significa spendere denaro, così per noi questa ricerca costante nella formula e nei prodotti è costata tempo e denaro.
Il successo di aver trovato poi soluzioni che hanno fatto crescere il *brand* e il fatturato dei negozi ha giustificato i rischi e gli errori commessi fino a ora.

**Sfide**
*Qual è stata la sfida che ha affrontato e come l'ha superata?*

È quella attuale, ma non è ancora stata superata, perché il cambiamento portato dal web ha sparigliato le carte e ha messo il negozio fisico nella condizione di cercare strade alternative e di posizionarsi su un livello di servizio differente in cui si fondono relazione, *shopping experience*, assistenza e rassicurazione.

**Successo**
*Quale ritiene sia stato il suo successo più importante?*

Il nostro successo è la conferma che dopo molti anni di presenza sul mercato, la nostra formula è in continua crescita e ci pone come *leader* nel nostro settore, ma quello più importante deve ancora venire.

**Futuro**

*Quali sono i suoi obiettivi futuri?*

Riuscire a cogliere i cambiamenti in tempo utile per modellare l'offerta commerciale e dare sicurezza e continuità al marchio e all'azienda.

# Capitolo 8
# Meeting®

La storia del progetto in *franchising* e del *brand* Meeting®, uno dei maggiori *network* nati in Italia nel settore delle agenzie matrimoniali per *single*, è raccontata da Isabella Apollonio, responsabile sviluppo *franchising* e *master franchisee* del marchio in Italia.

Oggi la rete conta, nel nostro Paese, quattordici centri, di cui uno a gestione diretta, gli altri affiliati.

All'estero le agenzie sono tre, a Lugano, Locarno e Zurigo.

**Come nasce Meeting®**
*In che anno è stata lanciata l'attività aziendale e quando è stato avviato il progetto in franchising? Quando invece lei è entrata a far parte della rete?*

Il marchio Meeting® nasce in Italia nel 1990, con l'apertura della prima agenzia matrimoniale destinata a essere il terreno di coltura fertile di un modo totalmente inedito di concepire il servizio di ricerca *partner*.

Dopo alcuni anni, il metodo e i *software* erano pronti e testati. Forti del favore incontrato sul mercato, nel 1996 è iniziato lo sviluppo in *franchising*.

Nel 2012 il marchio e gli *asset* societari hanno attratto l'interesse di un'azienda di Lugano che, apprezzando le peculiarità del metodo, se ne è assicurata la proprietà avviandone lo sviluppo in territorio elvetico. Io sono entrata nella rete proprio nel 1996 come responsabile sviluppo del progetto in *franchising*.

## L'idea
*Come è nata l'idea?*

A metà tra il serio e il faceto, in azienda si racconta di quella volta in cui un libro acquistato in un mercatino cambiò la vita di migliaia di persone!
Un libro che parlava di anime gemelle, in effetti, qualcuno lo aveva letto, ma poi altri fattori ci hanno indotto a progettare il *format* di un'agenzia matrimoniale di respiro "contemporaneo". Era in atto una profonda trasformazione sociale: separazioni e divorzi crescevano di anno in anno, le persone davano la priorità alla sfera lavorativa e meno al matrimonio.
Insomma, la domanda di servizi legati alla ricerca del *partner* era in rapida crescita. L'elemento critico di successo di Meeting® è stata l'idea che le moderne tecnologie potessero dare un contributo decisivo per offrire un servizio innovativo ed efficace ai *single*. Sono entrata giovanissima in questo mondo proprio alla vigilia del lancio del piano di sviluppo in *franchising*.
Era il 1996: in qualità di responsabile sviluppo ho avviato il progetto *franchising* che continuo a seguire in prima persona. Perché i *single*, da allora a oggi, sono diventati un mercato consistente e sempre più ad alto potenziale!

## Strategie
*Quali sono state le strategie e i segreti della crescita del format?*

La nostra strategia è stata l'evoluzione continua basata sulla conoscenza del cliente. La base informatica ci ha sempre assicurato un monitoraggio quotidiano delle sue esigenze e istanze. A ciò abbiamo affiancato la capacità di innovare i servizi offerti in tempi rapidi. Un esempio su tutti: qualche tempo fa i clienti ci parlavano sempre più spesso di chat e - soprattutto - di brutte esperienze collezionate in quegli ambienti virtuali.

La nostra risposta? Abbiamo creato e implementato in tempi *record* la chat meeting.net per profili certificati, con la quale abbiamo soddisfatto un nuovo bisogno del cliente - fare incontri virtuali in autonomia - ma senza i rischi che comportavano le chat dei *competitor*. Quindi: attenzione, innovazione, tempestività. Ecco i segreti!

**Errori da cui imparare**
*Qual è stato l'errore più importante che ha commesso e che cosa ha imparato da quell'errore?*

L'errore più importante è stato accettare candidature di persone non caratterizzate da sufficiente spirito imprenditoriale. È stato il caso di facoltosi genitori che hanno avviato l'apertura di un'agenzia per "per dare un lavoro" ad annoiati figlioli. Ma è stato anche il caso di alcuni disoccupati di lungo corso, beneficiari di specifiche misure a sostegno dell'imprenditorialità erogate da enti governativi. Per entrambe queste categorie qualcosa non ha funzionato. Dopo queste esperienze mi sono convinta che nelle reti in *franchising* si può trasferire tutto (nozioni teoriche, buone prassi, metodologie) ma non quel pizzico di attitudine imprenditoriale, essenziale in ogni investimento. Oggi preferisco dire di no, piuttosto che sostenere candidati per nulla imprenditori.

**Sfide**
*Qual è stata la sfida che ha affrontato e come l'ha superata?*

La più grande sfida è arrivata qualche anno fa quando si è concretizzato il combinato disposto della crisi economica e dei grandi siti di incontri apparentemente gratuiti. È stato un momento in cui mollare tutto e cambiare settore poteva - per la prima volta - sembrare una soluzione. Tuttavia, la passione contiene a volte più saggezza della "ragion economica". Ho rivisto i termini della formula *franchising* prevedendo una serie di facilitazioni finalizzate a rendere l'apertura più rapida e redditizia. Ho inoltre arricchito il *bouquet* di servizi offerti al cliente finale, servizi che differenziano fortemente la nostra proposta rispetto a qualsiasi sito di incontri della concorrenza. Sfida superata!

**Successo**
***Quale ritiene sia stato il suo successo più importante?***

Il mio successo più importante è senza dubbio aver condotto il marchio Meeting® alle soglie del suo 30esimo anniversario in una forma smagliante: abbiamo la formula, le energie e i progetti tipici di un'azienda giovane, ma con un'esperienza di tre decenni!

**Futuro**
***Quali sono i suoi obiettivi futuri?***

Oggi sono *master franchisee* in esclusiva per l'Italia, dunque i miei sono obiettivi legati *in primis* allo sviluppo della rete italiana.
Il 2020 ci vedrà impegnati a celebrare un anniversario, ma si tratterà di un piano strategico finalizzato a incrementare la rete di 10 punti affiliati in aree che riteniamo strategiche sulla base delle rilevazioni effettuate. Dunque, poco spumante e tanti incontri qualificati con imprenditori interessati a investire in un settore in crescita!

# Capitolo 9
# ZoOplanet

 La storia del progetto in *franchising* e del *brand* ZoOplanet, uno dei maggiori *network* nel settore della produzione di alimenti per la zootecnia, è raccontata da Marco Vanzetto, amministratore delegato del marchio.
Oggi la rete conta, nel nostro Paese, trentadue punti vendita e vari *corner* all'interno dei Brico Center. La rete all'estero invece ha inaugurato due punti nella costa tunisina.


**Come nasce ZoOplanet**
*In che anno ha lanciato la sua attività aziendale e quando ha avviato il progetto in franchising?*

Zooplanet nasce nel 1996 occupandosi inizialmente della distribuzione all'ingrosso di alimenti per animali da compagnia, come divisione della famiglia Vanzetto, già attiva fin dagli anni '80 nel settore.
Nel giro di pochi anni, estendendo la rete vendita, la naturale evoluzione del marchio è stata lo sviluppo in *franchising* di negozi specializzati che si occupassero non solo della distribuzione di alimenti, ma che divenissero anche punti di riferimento per i proprietari di animali domestici.
Questa scelta si è rivelata con il tempo un vero punto di forza per tutta la rete, in quanto la sinergia e la carica dei vari affiliati ha creato un dinamico scambio di idee e punti di vista differenti che sono stati punti di slancio per una crescita e un miglioramento delle attività.

**L'idea**
*Come è nata l'idea?*

L'idea nasce dalla passione per il mondo animale e dalla voglia di condividere questa passione con altre persone che lavorassero con noi e con i nostri clienti. ZoOplanet apre il primo punto a Piove di Sacco nel 1997, nel Centro Commerciale Piazzagrande e a oggi è gestito da un nostro affiliato. Fin da allora, l'idea era di mettere a disposizione non solo personale altamente qualificato ma di offrire corsi di formazione, *workshop* conoscitivi e giornate a tema con la presenza di esperti che potessero aiutare le persone nella gestione e nella cura degli animali, aiutandoli a ponderare le scelte migliori in base anche alle proprie esigenze e possibilità di accudimento.

**Strategie**
*Quali sono state le strategie e i segreti della crescita del format?*

La nostra missione e la nostra strategia possono essere riassunte in due punti: affiliati e clienti. Ai nostri affiliati offriamo un'attività imprenditoriale e le migliori opportunità del settore. Ai nostri clienti finali proponiamo un assortimento completo, diversificato e moderno, collocato in un ambiente gradevole e diretto da un professionista del settore che sappia offrire un consiglio di qualità e un sorriso. Il *plus* dei nostri *Pet Shop* è l'elevata specializzazione e il servizio di consulenza offerto, sia riguardo all'alimentazione che ai prodotti per la cura e il divertimento dei nostri animali.

**Errori da cui imparare**
*Qual è stato l'errore più importante che ha commesso e che cosa ha imparato da quell'errore?*

Assecondare troppo le richieste degli affiliati. Abbiamo imparato a essere determinati, anche per il loro bene. L'errore più importante e ripetuto nel tempo è stato quello di dire sempre di "sì" agli affiliati. Nel tempo si è rivelata una prassi controproducente, che ha rischiato di farci perdere di vista i nostri bisogni d'impresa. Ha generato per un periodo una tale eterogeneità di servizi agli affiliati da impattare fortemente sui nostri costi. Abbiamo quindi imparato a dire di "no" a richieste che non favorivano né noi né l'affiliato, con tranquillità e con le motivazioni adeguate, proponendo un'alternativa spesso migliore perché uniformata e già testata su vari negozi. Abbiamo imparato a comunicare meglio con i nostri affiliati e clienti e a essere più sicuri e perseveranti nelle iniziative che prendiamo. Questa lezione ci permette oggi di essere più uniti e quindi più forti di quando ci siamo presentati al mercato.

**Sfide**
***Qual è stata la sfida che ha affrontato e come l'ha superata?***

La sfida più grande è stata sicuramente quella di entrare nel mercato del *pet* che per noi era sconosciuto e con un modello di impresa, il *franchising*, che per noi era nuovo. Quindi la difficoltà è stata quella di imparare un nuovo lavoro da zero. Come l'abbiamo superata? Sicuramente con molta umiltà, dedizione e formazione. All'inizio abbiamo fatto molte domande a esperti del settore e ad amici/conoscenti che ci potevano essere d'aiuto. Abbiamo cercato di imparare velocemente e abbiamo ascoltato attentamente le istruzioni e i consigli delle altre persone. E poi ci siamo buttati con coraggio in questo nuovo lavoro, sapendo che fare errori è parte del processo di apprendimento, ma con la dedizione e determinazione di spuntarla e raggiungere gli obiettivi che ci siamo posti e che continuiamo anno per anno a definire e raggiungere.

**Successo**
***Quale ritiene sia stato il suo successo più importante?***

Il successo più grande sta nella squadra che abbiamo creato e nella dedizione che ogni persona del gruppo ci mette ogni giorno. Il successo di cui andiamo fieri sono gli affiliati del gruppo che entrano in negozio la mattina con il sorriso, con passione. Sappiamo bene che avere un negozio in proprio non è semplice, ci sono moltissimi aspetti da tenere in considerazione, ma lo spirito di gruppo che ci unisce, divide le difficoltà e incrementa i successi. Il nostro impegno è affidare a ciascuna persona del gruppo il compito più adatto a lui/lei perché crediamo che creare una squadra di successo sia come preparare un piatto: gli ingredienti sono importanti, ma è soprattutto il modo in cui vengono messi insieme che lo rende gustoso. In ZoOplanet l'unione fa la forza!

**Futuro**
*Quali sono i suoi obiettivi futuri?*

Nel futuro vediamo dei *pet shop* con maggiori servizi e fortemente competenti e specializzati. Creare una rete e un dialogo tra le realtà del settore nel territorio dovrà essere uno degli elementi cardine dei nostri negozi. Altro *step* che vediamo nel futuro è il mix tra negozio virtuale e negozio fisico, grazie a strumenti innovativi che allestiremo, potremmo incrementare notevolmente l'offerta alla clientela e i servizi di consegna a domicilio. Infine, puntiamo anche all'incremento dei punti vendita in Italia e all'apertura di nuovi *pet shop* e *corner* all'interno di negozi già esistenti.

# Capitolo 10
# Camomilla Italia

 La storia del progetto in *franchising* e del *brand* Camomilla Italia, uno dei maggiori *network* italiani nel settore abbigliamento e accessori donna, è raccontata da Mario Pierro, direttore commerciale di Camomilla Italia.

Ora il marchio è presente sul territorio nazionale con 220 punti vendita, di cui 120 diretti e 100 in *franchising*.

All'estero invece, si esplorano i mercati di Paesi Arabi e entro fine anno aprirà il primo punto vendita in Russia.

**Come nasce Camomilla Italia**
*In che anno è stata lanciata l'attività aziendale e quando è stato avviato il progetto in franchising?*

Nel 1974, dall'intuito di mio padre, nella meravigliosa cornice partenopea nasce il *brand* Camomilla Italia, al cui timone oggi mi trovo io con le mie due sorelle.

Il marchio ha da poco festeggiato 45 anni di storia con una grande famiglia di oltre cinquecento dipendenti. La nostra azienda è da sempre sinonimo di una femminilità contemporanea e in continua evoluzione.

Abbraccia *target* e tipologie di donne differenti, che riescono però a riconoscere nelle nostre collezioni la propria impronta di stile.

Il nostro progetto *franchising* invece, è nato nel 1997 con la volontà di insediarsi maggiormente sul territorio nazionale e di avvicinarsi a zone ancora inesplorate.

**L'idea**
*Come è nata l'idea?*

La famiglia Pierro nasce come concessionaria e distributrice di aziende importanti, prima di aprire le iniziali *boutique* con le insegne a marchio proprio. Si chiamava "Camomilla" proprio una vecchia *bottega* di Roma, ricca di estrosi pezzi di abbigliamento che provenivano da ogni parte del mondo. Mio padre se ne invaghì al punto tale che quel nome è divenuto, poi, il marchio della nostra azienda napoletana.

Camomilla Italia è figlia degli anni '70, quando il settore della moda, in forte ascesa, segnò la nascita di tanti nuovi imprenditori che oggi resistono sul mercato con *brand* importanti. Siamo estremamente orgogliosi di essere figli di un progetto così ambizioso e con tanta storicità alle spalle.

**Strategie**
*Quali sono state le strategie e i segreti della crescita del format?*

La necessità è quella senz'altro di individuare delle strategie da seguire e avere una chiara pianificazione delle politiche da attuare nel lungo periodo. Imprescindibile è sicuramente la conoscenza della nostra cliente, sapere da dove viene, a che generazione appartiene, qual è la sua capacità di spesa, informazioni che ci permettono di adottare una strategia di fidelizzazione vincente e di conseguenza di sviluppare un'elevata *customer retention*.

Da qui l'importanza che assume per noi la "Lover card", il nostro sistema di fidelizzazione che, a oggi, conta oltre 1.300.000 iscritti e che permette il raggiungimento di molteplici vantaggi, tra cui l'avvio di un rapporto di fiducia con i consumatori - partendo dal presupposto che un cliente soddisfatto è un cliente che ritorna e che incrementa la sua spesa -, e la raccolta di informazioni preziose su di loro.

Inoltre, oggi come non mai, data la crescente competizione a livello globale, la nostra necessità è di possedere una buona cultura del prodotto, che unita a una scelta accurata delle materie prime e a una buona manifattura, ci garantiscono una posizione di vantaggio competitivo con una forte presenza quindi di produzione "Made in Italy" nelle nostre collezioni, fiore all'occhiello aziendale. Tuttavia la differenza di una strategia di successo deriva dalla capacità di un'azienda di adeguare le strategie alle esigenze di mercato in generale e, più nello specifico, di quello a cui si rivolge. Abbiamo consolidato il *format* in *franchising* Camomilla Italia grazie a un costante supporto dell'azienda nei confronti dell'affiliato, ma anche alla capacità e alla possibilità di modulare i rapporti commerciali e non, in base alle esigenze dell'interlocutore. Inoltre, la divisione tra punti diretti e in *franchising* ci permette come azienda di estendere le strategie che hanno prodotto risultati positivi con i nostri negozi diretti, tutelando così i nostri *franchisee*.

**Errori da cui imparare**
*Qual è stato l'errore più importante che ha commesso e che cosa ha imparato da quell'errore?*

Non è possibile individuare un errore che per me risulti più rilevante di altri, siamo un'azienda che per numero di negozi, dipendenti e gli anni di storia aziendale, è esposta continuamente alla possibilità di cadere in errore. L'errore tuttavia è sinonimo di crescita, di evoluzione: dunque di innovazione. Si dovrebbe iniziare a considerarlo non più come un limite, ma come un'opportunità di trasformazione e sviluppo, a patto di saperlo riconoscere, accettare e trasformare in risorsa. Quindi, guardare gli errori in un'ottica inclusiva, come parte integrante e necessaria del *business* e non come nemico da rimuovere. Nel tempo posso dire quindi, di aver sbagliato e aver imparato ad accettare "la sconfitta" come *input* per fare di più e fare meglio.

**Sfide**
*Qual è stata la sfida che ha affrontato e come l'ha superata?*

Una delle sfide per me più rilevanti è stato ed è il *travel retail*, a cui siamo arrivati quasi per caso nel 2004, con un negozio in affiliazione:

quando un operatore aeroportuale nello scalo di Napoli, che era interessato al nostro prodotto, decise di aprire questo punto vendita, attualmente nostro diretto. Successivamente, nel 2006, in occasione dei Giochi olimpici invernali, abbiamo aperto il nostro secondo negozio aeroportuale all'interno di Torino Caselle.

Questo è stato il trampolino di lancio che ci ha spinto a investire anche in questo segmento di mercato. Un *business* che oggi pesa circa il 15% del nostro fatturato e di cui siamo molto orgogliosi per la forte presenza all'interno delle stazioni e degli aeroporti con i nostri negozi.

**Successo**
***Quale ritiene sia stato il suo successo più importante?***

La vita di un'azienda è scadenzata da sfide e errori quotidiani, è la loro risoluzione che rappresenta per noi una forma di successo. La somma di questi piccoli traguardi contribuisce poi al raggiungimento dell'obiettivo e della "vittoria" finale fatta di ambizioni, di crescita e anche di consolidamento. Il nostro obiettivo è sempre stato far sentire le clienti accolte in un ambiente curato nei suoi dettagli, da un personale preparato e in cui il prodotto fosse ben visibile. Ci siamo riusciti puntando su di un *layout* che creasse la giusta cornice e accompagnasse le clienti nella scelta dei nostri prodotti "Made in Italy".

**Futuro**
***Quali sono i suoi obiettivi futuri?***

Per il futuro abbiamo intenzione di consolidare il *brand* a partire dai nostri 220 punti vendita. L'obiettivo è di non focalizzarci solo sul prodotto, ma di rafforzare la nostra identità aziendale e fare in modo che il nostro consumatore ne diventi ambasciatore. Miriamo a essere riconoscibili e differenziabili rispetto alla concorrenza, mettendo al centro le nostre clienti, le loro aspettative e i loro desideri per renderle felici con il nostro *brand,* i nostri prodotti e una comunicazione che piace. Vogliamo crescere non solo economicamente, cercando quindi di aumentare il volume del fatturato, riducendo i tempi di crescita dello stesso, ma anche 'fisicamente', con una maggiore presenza sul mercato nazionale - con l'apertura di altri 10 punti vendita entro la fine del 2019 -,  e internazionale con i nostri *store* Camomilla Italia.

# Capitolo 11
# Solo Affitti

 La storia del progetto in *franchising* e del *brand* Solo Affitti, il maggior *network* italiano nel settore degli affitti immobiliari per privati, è raccontata da Silvia Spronelli, CEO del marchio. Oggi la rete conta, su tutto il territorio italiano, trecento agenzie e ben ottocento professionisti. All'estero invece, la rete ha una gemella in Spagna "Solo Alquileres", la cui gestione diretta e lo sviluppo sono affidati al *master franchisee* spagnolo.

**Come nasce Solo Affitti**
*In che anno ha lanciato la sua attività aziendale e quando ha avviato il progetto in franchising?*

Ho aperto la prima agenzia nel 1995, inizialmente in modo 'virtuale', personalizzando una parte dell'agenzia tradizionale di mio padre con un semplice cartello *Solo Affitti*. Dato il successo della mia postazione e del servizio proposto, da lì a pochi mesi ho aperto una prima agenzia nel centro storico di Cesena: poco spazio ma un *tam tam* rumoroso di curiosi e clienti da soddisfare. Il *franchising* è nato ufficialmente nel 1997.

**L'idea**
*Come è nata l'idea?*

È sempre emozionante per me raccontare come nasce il mio *brand* e continua, dopo tanti anni, a sorprendermi la naturalezza con cui sono arrivata a creare questo *business*. Infatti, appena laureata in giurisprudenza e sognando di intraprendere la carriera di magistrato, ho iniziato a lavorare nell'agenzia immobiliare storica di proprietà della mia famiglia.

Eravamo a metà degli anni '90 nel pieno boom delle compravendite e vedevo tutti gli agenti immobiliari impegnati al massimo nelle trattative di vendita; mentre chi voleva mettere in affitto la proprietà o cercava un immobile in affitto veniva trascurato, rimandato e certamente non ascoltato.

Da qui l'idea di concentrami sul settore degli affitti, dove i clienti andavano ascoltati per dare una risposta specifica. Per farlo occorreva tempo, che io avevo, studio della materia legislativa, facile per me, e una fetta di mercato "libera", visto che tutti erano impegnati con le compravendite.

Chiamare il marchio "Solo Affitti" è stata una conseguenza naturale e la giusta visione di un *business* specializzato, non una limitazione ma una chiave di lettura originale del mercato immobiliare che ha determinato il mio successo.

Il *nostro* successo a dire la verità, perché mio padre, Loris Spronelli, ha subito creduto e investito in quest'idea.

**Strategie**
*Quali sono state le strategie e i segreti della crescita del format?*

Devo dire che la crescita di Solo Affitti è avvenuta in maniera davvero spontanea: avere un professionista preparato e competente in materia di affitti ha soddisfatto un'esigenza specifica di quanti hanno bisogno di vivere o lavorare in affitto, ma soprattutto di quanti hanno comprato o ereditato dei beni immobiliari per ricavarci fatturati sicuri.

Credo che il segreto stia proprio nell'"ovvietà" dell'idea e nella presentazione di un nuovo agente immobiliare, il *manager* degli affitti, distante dallo stereotipo del professionista che vuole venderci qualcosa, ma più attento e propenso ad ascoltare i reali bisogni dei clienti.

**Errori da cui imparare**
*Qual è stato l'errore più importante che ha commesso e che cosa ha imparato da quell'errore?*

Ogni errore rappresenta un'opportunità per migliorare. Per questo, seppure alcuni progetti in cui ho creduto e alcuni servizi o prodotti abbiano riscontrato meno successo, proprio da quell'esperienze ho imparato a fare meglio.

**Sfide**
*Qual è stata la sfida che ha affrontato e come l'ha superata?*

La grande sfida vinta è stata quella della diffidenza iniziale: come si può guadagnare facendo solo affitti? Facile se si lavora con impegno e serietà, se si offrono servizi esclusivi e se si valorizza la propria professione.

**Successo**
*Quale ritiene sia stato il suo successo più importante?*

Personalmente ho realizzato il mio successo quando i miei figli, raccontando cosa fa Solo Affitti, parlano di persone che aiutano gli altri: a guadagnare, a trovare un posto comodo in cui vivere o lavorare. Solo Affitti è il mio capolavoro. Fin dall'inizio ho avuto la fortuna di avere al mio fianco, oltre a mio padre, validi e fedeli collaboratori che mi hanno permesso di realizzare il mio sogno e far diventare Solo Affitti l'azienda *leader* nel mercato delle locazioni.

**Futuro**
*Quali sono i suoi obiettivi futuri?*

L'obiettivo è di raddoppiare la nostra presenza sul territorio, arrivando a seicento agenzie nei prossimi cinque anni e rafforzando la presenza anche del marchio solo Affitti Brevi. Abbiamo imparato in questi anni quanto la specializzazione, la sicurezza e l'innovazione nel settore degli affitti siano l'unica risposta possibile alla reale, concreta e sempre più diffusa esigenza dei clienti di questo comparto, proprietari o inquilini. È questa la strada, che sempre di più, vogliamo perseguire.

# Capitolo 12
# Mondadori Store

 La storia del progetto in *franchising* di Mondadori Store, che rappresenta uno dei più importanti *network* di librerie in Italia, è raccontata da Francesco Riganti, direttore marketing di Mondadori Retail. La rete conta oltre 600 *store*, tra affiliati e diretti, declinati in tre diversi *format*: Mondadori Megastore, Mondadori Bookstore e Mondadori Point.

È la catena di librerie del Gruppo Mondadori, casa editrice con una storia di oltre cento anni nei settori dei libri, dei *magazine* e del *retail*.

## Come nasce Mondadori
*In che anno è stata lanciata l'attività aziendale e quando è stato avviato il progetto in franchising?*

La prima libreria Mondadori è stata inaugurata a Milano, in corso Vittorio Emanuele, il 21 dicembre 1954. Nel 1997 nasce la società Mondadori Retail, con la missione di creare e gestire librerie in proprietà diretta, cui si aggiungerà la rete in *franchising*, attraverso l'acquisizione nel 1998 della catena di librerie Gulliver.

## L'idea
*Come è nata l'idea?*

Abbiamo voluto offrire un nuovo modello di libreria, pensata per far sentire i visitatori a proprio agio, circondati da un'atmosfera di cordialità discreta. E abbiamo l'obiettivo di stabilire rapporti sempre più affiatati fra chi legge e chi scrive e chi pubblica.

Dal punto di vista della proposta imprenditoriale, i Mondadori Bookstore in *franchising* sono una opportunità per imprenditori con una forte passione per il libro e la lettura, desiderosi di diventare protagonisti della vita culturale della propria comunità.

**Strategie**
***Quali sono state le strategie della crescita del format?***

Un'insegna che porta il nome di un marchio prestigioso, con oltre un secolo di storia. E poi il libro e naturalmente i librai presenti sul territorio, che ogni giorno contribuiscono con grande passione a offrire un mondo di cultura ed emozioni: sono questi i pilastri su cui si basa la strategia di Mondadori Store.

Il pubblico riconosce nelle librerie Mondadori un luogo di aggregazione, familiare, dove scoprire storie, creare relazioni culturali, sviluppare nuove idee, vivere un'esperienza unica. Il cuore dell'offerta di Mondadori Store è il libro, con un catalogo di nove milioni di titoli disponibili, grazie ai servizi integrati con il sito di *e-commerce* mondadoristore.it.

A ciò si affianca un'ampia gamma di prodotti come musica, film, giocattoli, cartoleria e *gadget*.

L'approccio multicanale, attraverso servizi che integrano il canale fisico e online ampliando il catalogo delle librerie a disposizione dei lettori, come *"Prenota e Ritira"*, *"Invia a casa"* e *"Pick up Point"*, e particolare attenzione all'organizzazione di eventi in tutta la rete e fruibili anche online grazie ai social network, hanno permesso di moltiplicare i punti di contatto e le opportunità di coinvolgimento e di relazione con il pubblico.

Negli ultimi anni Mondadori Store ha ottenuto i premi "Best Marketing Campaign" ai *Confimprese Awards 2019* per la campagna *#condividiunlibro*, "Live Communication" al *Grand Prix Advertising Strategies 2018* e il "Retail Awards 2018 - Best retailtainment concept" per il progetto *Jova Pop Shop*, "Insegna dell'anno 2016-2017" nella categoria librerie, "Asso del Franchising 2017", "Premio

Comunicazione e Retail - GrandPrix Advertising Strategies 2017" e il "Premio innovazione Smau 2016".

**Errori da cui imparare**
*Qual è stato l'errore più importante che è stato commesso e che cosa si è imparato da quell'errore?*

Più che di errori credo che dovremmo parlare di un 'atteggiamento mentale' in fase di rinnovamento. A volte la posizione di *leader* può indurre a pensare di riuscire a fare tutto da soli e l'operatività del quotidiano impedisce di alzare lo sguardo e guardare al futuro. Eppure siamo di fronte a una *disruption* importante. Noi siamo in un settore in cui le persone comprano prodotti e servizi per il proprio tempo libero, una sfera in cui tanti operano. I modelli di contenuti sono cambiati e i *competitor* indiretti sono molto più presenti.

**Sfide**
*Qual è stata la sfida più importante che è stata affrontata dall'azienda con il franchising e come è stata superata?*

L'integrazione dell'online con l'offline. Questo significa implementare lo sviluppo di nuovi servizi e un modello di *revenue sharing* con i nostri *partner franchisee* (un punto questo che è ancora la criticità più importante per noi). Entrambi i canali hanno vantaggi da questa sinergia. Il servizio di *Pick up Point* aiuta a portare un cliente dall'online al negozio. In questo caso il negozio fisico non beneficia della vendita diretta ma dell'occasione che il cliente possa visitare uno *store*. D'altra parte online abbiamo a disposizione un assortimento infinito anche per i negozi. La sfida è trasformare il modello di *business*.

**Successo**
*Quale ritiene sia stato il successo più importante?*

Credo che in questo caso possiamo lasciar parlare i numeri. Mondadori

Store opera attraverso quattro canali di vendita - punti vendita diretti, in *franchising*, web e *book club* - servendo ogni anno venti milioni di clienti.

Nel 2018 ha registrato ricavi pari a 191,8 milioni di euro: il prodotto libro rappresenta l'80 per cento del fatturato, con una quota di mercato nel segmento libro del 14,4 per cento.

**Futuro**
***Quali sono gli obiettivi futuri?***

Consolidare una strategia digitale che consenta alla rete di poter cogliere delle opportunità offerte dalla tecnologia prima inesistenti, rafforzare la relazione con i nostri clienti lettori e al contempo creare delle generazioni di nuovi giovani lettori, promuovere la cultura del libro e delle emozioni che solo le storie, in qualunque formato esse siano, possono dare, supportare i sistemi scuola e famiglia nel processo di educazione dei più giovani.

Abbiamo un ruolo importante per la missione sociale che portiamo avanti ogni giorno con i nostri librai, dobbiamo quindi puntare sempre all'eccellenza nel servizio che offriamo.

# Capitolo 13
# Particolari®

 La storia del progetto in *franchising* e del *brand* Particolari®, uno dei maggiori *network* italiani nel settore moda e degli accessori donna, è raccontata da Antonio Di Petta, amministratore delegato. La rete in *franchising* conta oltre 110 punti vendita in Italia di cui trenta gestiti direttamente e i restanti in formula di affiliazione. Prossimamente il *brand* aprirà in Albania, Croazia e Spagna.

**Come nasce Particolari®**
*In che anno ha lanciato la sua attività aziendale e quando ha avviato il progetto in franchising?*

L'attività nasce dal 1998, anno in cui la casa madre del gruppo, Fenice srl, crea il marchio Particolari® e inizia a proporre, attraverso il proprio progetto di sviluppo, l'affiliazione commerciale nel mondo della moda.

**L'idea**
*Come è nata l'idea?*

L'idea imprenditoriale del gruppo Particolari® è stata quella di creare un accessorio moda che potesse essere interessante per un pubblico di donne attente alle tendenze e allo stile, per donne che fossero alla ricerca dei dettagli, ma anche di un prodotto con un alto rapporto di qualità/prezzo. «La bellezza è nei dettagli» afferma, Donatella Ranni, la creativa e ricercatrice di tendenze del marchio: «un dettaglio spesso può contenere un intero mondo. Un universo fatto di umori, passione, contaminato da stili e tendenze». Le creazioni Particolari®, infatti, nascono come dettagli ricercati che vogliono offrire al pubblico l'opportunità di seguire le tendenze del momento e trasformare gli accessori in vere e proprie esperienze di stile alla portata di tutti, rielaborando i canoni stilistici delle grandi firme del mondo della moda in termini di accessibilità e attualità.

**Strategie**
***Quali sono state le strategie e i segreti della crescita del format?***

Una formula di successo, perfezionata anno dopo anno attraverso l'elaborazione di strategie e dinamiche sempre al passo con i tempi, ma soprattutto intrisa di passione per il mondo del *fashion* e tutte le sue sfumature, tutti elementi che sin dall'inizio hanno contraddistinto la filosofia di Particolari®. I processi chiave sono tutti coordinati dalla nostra azienda, dall'ideazione alla produzione dei complementi moda, attraverso il supporto di risorse nel *design* interne e soprattutto sviluppando efficaci forme di collaborazione volte ad attualizzare e trasferire tutta l'esperienza aziendale agli affiliati. Sono questi gli elementi che permettono di definire Particolari® come una realtà dinamica, dotata di un *know-how* sempre a disposizione dei suoi *partner*, un *network* di affiliati con oltre 25 anni di esperienza, ben strutturato e in costante crescita.

**Errori da cui imparare**
***Qual è stato l'errore più importante che avete commesso e che cosa avete imparato da quell'errore?***

Ci sono stati tantissimi errori durante il percorso imprenditoriale dai quali abbiamo imparato milioni di cose. Credere in persone sbagliate, scegliere strategie inesatte, pianificare in modo errato e tanti altri ancora che ci hanno permesso di crescere e di diventare quello che siamo ora, e cioè una realtà affidabile e dinamica, dotata di un sorprendente *know-how* che vanta ben 25 anni.

**Sfide**
*Qual è stata la sfida che avete affrontato e come l'avete superata?*

La sfida più grande è stata quella di realizzare da zero un'azienda che oggi supera i 110 punti vendita.

**Successo**
*Quale ritiene sia stato il vostro successo più importante?*

Aver creato lavoro per oltre 250 persone tra dipendenti e affiliati è il successo più grande. Avere una rete di affiliati forte e duratura nel tempo  dove i rapporti sono umani non solo professionali, rapporti basati sul rispetto e sulla fiducia perché lavoriamo tutti insieme. Siamo una grande famiglia ed è questo il nostro punto di forza, essere tanti e uniti e lavorare verso gli stessi obiettivi di crescita.

**Futuro**
*Quali sono i vostri obiettivi futuri?*

L'obiettivo più grande è quello di superare i 250 *store* in Italia creando nuovi posti di lavoro ed espandere il *brand* anche all'estero. In Italia siamo a buon punto, ma come ripeto spesso: «Il numero è destinato a crescere».

# Capitolo 14
# Burger King®

La storia del progetto in *franchising* e del *brand* Burger King®, uno dei maggiori *network* al mondo nel settore della ristorazione veloce, è raccontata da Andrea Valota, amministratore delegato di Burger King Restaurants Italia.
A oggi la rete conta, in Italia, più di 200 ristoranti dei quali circa due terzi in *franchising*, mentre nel mondo è presente in oltre 100 Paesi con più di 17mila ristoranti.

**Come nasce Burger King®**
*In che anno è stata lanciata l'attività aziendale e quando è stato avviato il progetto in franchising? Lei invece quando è entrato a far parte della rete?*

Burger King® nasce a Miami nel 1954. A soli dodici anni dall'apertura del primo ristorante, l'azienda concede la sua prima licenza per l'apertura di un nuovo punto vendita alle Bahamas.
In Italia, Burger King® è arrivato nel 1999 a Milano aprendo proprio grazie a una licenza in *franchising* e ha mantenuto questo *business model* fino al 2015, anno in cui ha cominciato ad affiancare anche aperture dirette.
Io sono entrato in Burger King® nel 2017.
Possedevo già una lunga esperienza sia in un grande gruppo di ristorazione veloce che nel *food retail* in generale - in diverse aree di *business* - e quando mi si è prospettata l'opportunità di guidare una delle più grandi realtà del settore in Italia e tra i marchi più conosciuti

al mondo, l'ho considerato come il coronamento di un percorso. Per cui, ben volentieri mi ci sono dedicato anima e corpo.

**L'idea**
*Come è nata l'idea?*

Burger King® nasce il 4 dicembre 1954 a Miami, in Florida, per iniziativa di James McLamore e David Edgerton, entrambi studenti della Cornell University School of Hotel Administration.
Ciò che ha sempre contraddistinto il marchio dalla concorrenza è la cottura alla griglia della carne, che viene cucinata su fiamme vere che le conferiscono un gusto particolare, molto simile a quello del *barbecue*.

**Strategie**
*Quali sono state le strategie e i segreti della crescita del format?*

Per quanto riguarda l'Italia, il marchio Burger King® sta vivendo un periodo di rapida espansione e i margini di crescita sono altissimi, grazie anche al livello di penetrazione del mercato italiano ancora con un alto potenziale.
Dal 2015 a oggi abbiamo introdotto un importante piano di espansione che ha fatto crescere significativamente il numero dei ristoranti presenti sul territorio.
Alle aperture in *franchising* abbiamo cominciato ad affiancare quelle dirette, gestendo oltre cinquanta ristoranti in qualità di *master franchisee*.
Oltre alla qualità, la continua formazione del personale e l'utilizzo di *partner* che rispettano *standard* tra i più elevati del mercato, per noi è fondamentale l'attenzione alla tecnologia, un'altra caratteristica che ci distingue da altri *brand* della ristorazione veloce.
Per esempio, nel 2018 siamo stati i primi in Italia a utilizzare la tecnologia della realtà aumentata nel settore del *food retail*.
Oggi quella fase iniziale si è evoluta sia lato cliente, con l'introduzione dei nostri *kiosk* interattivi e della nostra nuova app che permette di

interagire in maniera profonda e innovativa, sia lato gestionale, con *software* specifici in grado di aumentare sensibilmente l'efficienza.

**Errori da cui imparare**
*Qual è stato l'errore più importante commesso e che cosa si è imparato da quell'errore?*

Crediamo fortemente nel concetto di "miglioramento continuo" quindi non parlerei propriamente di singolo errore, ma della nostra capacità di analizzare continuamente le azioni e progetti intrapresi per valutare cosa ha funzionato e cosa no, oppure come avremmo potuto fare ancora meglio, imparando sempre di più.

**Sfide**
*Qual è stata la sfida che il marchio ha affrontato qui in Italia e come l'ha superata?*

Un tale tasso di crescita impone la costruzione di una serie di *pillar*, solidi e di lungo termine: innanzitutto lo sviluppo della già evoluta base tecnologica e di servizi che ci permetteranno di far fronte alle crescenti esigenze, poi un sistema di *partner* affidabili - sia internazionali che locali - e un *team* di professionisti in grado di gestire un ambiente sempre più complesso. Oltre a tutto ciò, da una parte dovremo supportare sempre di più i *franchisee* esistenti e dall'altra individuare nuovi imprenditori pronti ad accettare, assieme a noi, questa stimolante sfida.

**Successo**
*Quale ritiene sia stato il suo successo più importante?*

Guidare lo sviluppo del marchio Burger King® in Italia è una sfida e una responsabilità. Ho il privilegio di condurre un'azienda, composta da un *network* solido e capace di fare affidamento sia su un *team* di professionisti che di imprenditori *franchisee* desiderosi, come me, di portare Burger King® in Italia a un nuovo livello di *performance*.

**Futuro**
*Quali sono gli obiettivi futuri?*

Dopo vent'anni di presenza in questo mercato ci troviamo oggi all'apice di un nuovo piano di sviluppo, il più massiccio e innovativo dall'arrivo in Italia, che ci porterà in quattro anni ad aumentare del 50 per cento il numero dei nostri ristoranti su tutto il territorio. Infatti, nei prossimi anni Burger King® aprirà nel nostro paese 120 ristoranti grazie anche all'inserimento di nuovi *franchisee* in grado di supportarci nella copertura dell'intero territorio italiano.

## Capitolo 15
## Cycleband


La storia del progetto in *franchising* e del *brand* Cycleband, uno dei maggiori *network* italiani nel settore abbigliamento per bambino, è raccontata da Giuseppe Annunziata, fondatore e proprietario del marchio.
Oggi la rete conta 220 punti vendita di cui 48 diretti, 159 affiliati e 13 esteri, in Algeria, Francia, Libano, Malta, Montenegro, Senegal e Tunisia.


**Come nasce Cycleband**
***In che anno ha lanciato la sua attività aziendale e quando ha avviato il progetto in franchising?***

Nei primi anni 2000, oltre alla commercializzazione di abbigliamento di noti marchi, con la nostra azienda abbiamo iniziato lo sviluppo del progetto Cycleband per la distribuzione e vendita, attraverso la formula del *franchising*, di una linea di abbigliamento per bambini, che rispecchiasse in pieno la loro giovane istintività, con una linea energica, fantasiosa e gioiosa.

**L'idea**
***Come è nata l'idea?***

L'idea nasce dalla nostra volontà di sviluppare una rete di distribuzione di un prodotto con caratteristiche qualitative di livello superiore alla media del mercato, con un *design* elaborato esclusivamente nell'ambito aziendale e a prezzi vantaggiosi.

**Strategie**
*Quali sono state le strategie e i segreti della crescita del format?*

Offrire un capo di abbigliamento di qualità, garantito sin dall'origine in quanto prodotto in aziende che fanno parte del nostro gruppo, attraverso una rete di piccoli e medi imprenditori che dispongono di adeguate capacità gestionali, e offrendo un progetto che riduce praticamente al minimo il rischio d'impresa.

**Errori da cui imparare**
*Qual è stato l'errore più importante che ha commesso e che cosa ha imparato da quell'errore?*

Non mi sento di parlare di errori ma piuttosto di esperienze. Non sempre le "location" proposte dai candidati rispondono alle aspettative aziendali; in questi casi l'azienda offre il supporto tecnico e logistico per l'individuazione e l'allestimento di un punto vendita più idoneo.

**Sfide**
*Qual è stata la sfida che ha affrontato e come l'ha superata?*

La sfida più impegnativa è stata quella di poter raggiungere il giusto rapporto qualità/prezzo per un prodotto destinato a una utenza giovanile e infantile garantendo qualità, sicurezza nell'utilizzo, ricercatezza e originalità del capo.
Per garantire tutto ciò abbiamo dovuto investire nell'acquisto e nella gestione di unità produttive anche all'estero, sempre e comunque sotto il controllo del nostro *headquarter* che è situato a Bergamo.

**Successo**
*Quale ritiene sia stato il suo successo più importante?*

Il marchio è in fase di sviluppo costante. Ogni anno si conclude con un bilancio in termini economici sempre più favorevoli e in termini numerici con un incremento di circa 30 nuove aperture di punti vendita. Attualmente siamo presenti sul territorio nazionale con una distribuzione capillare di punti vendita in particolare nel Sud Italia e nelle isole maggiori.

**Futuro**
*Quali sono i suoi obiettivi futuri?*

Sicuramente consolidare la presenza sul territorio nazionale e sviluppare maggiormente la rete di punti vendita anche sui mercati internazionali.

# Capitolo 16
## La Gabbianella

La storia del progetto in *franchising* e del *brand* La Gabbianella, uno dei maggiori *network* italiani nella Moda tavola, del tessile e dell'oggettistica arredo è raccontata da Luca Pierallini, proprietario del marchio. Oggi la rete conta, nel nostro Paese, 24 punti vendita, di cui 22 con la formula di affiliazione in *franchising* e 2 diretti a Viareggio e La Spezia. Il mercato estero è in fase di sviluppo, con l'apertura nel 2020 di uno *store* nella Napa Valley, vicino a San Francisco.

**Come nasce La Gabbianella**
*In che anno ha lanciato la sua attività aziendale e quando ha avviato il progetto in franchising?*

L'azienda nasce nel 1967, sviluppa il progetto in *franchising* negli anni '80 e lancia il nuovo marchio nel Duemila aprendo un punto vendita pilota e vari *corner*.

**L'idea**
*Come è nata l'idea?*

Negli anni '80 siamo stati i primi a evolvere la vendita al dettaglio abbinando la produzione storica di ceramica ad altri settori merceologici con oggetti che venivano comprati e commercializzati da varie parti del mondo.

Pensiamo che ogni settore merceologico aiuti l'altro a rendersi sempre più accattivante sul mercato. Una sola filosofia una sola immagine rendono in nostri negozi unici e di forte impatto emotivo.

**Strategie**
*Quali sono state le strategie e i segreti della crescita del format?*

Il segreto è realizzare i nostri prodotti con amore e passione che trasmettiamo ai nostri affiliati. Lo scopo è evidenziarne la particolarità e l'esclusività. Oggetti pensati, realizzati e distribuiti dalla nostra azienda, che ne controlla la produzione, la qualità e il posizionamento sul mercato. Vogliamo valorizzare la nostra natura artigiana, creando un rapporto diretto e di amicizia con ogni singolo affiliato.

**Errori da cui imparare**
*Qual è stato l'errore più importante che ha commesso e che cosa ha imparato da quell'errore?*

L'errore più grande è stato quello di far aprire ad affiliati innamorati del prodotto ma senza solide basi rispetto alla *location*. Aprire in zone troppo defilate non permette al negozio di avere visibilità e lo scarso afflusso di clienti nel punto vendita rende faticoso raggiungere gli obiettivi di vendita. Da questo errore ho imparato che per il bene di tutti, *in primis* quello dell'affiliato, è meglio rinunciare a una apertura per non veder morire un negozio in due anni.

**Sfide**
*Qual è stata la sfida che ha affrontato e come l'ha superata?*

Lo scontro con l''importazione è stato duro perché i nostri prodotti, pur con un ottimo rapporto qualità - prezzo, venivano percepiti come "cari".
È stato ancora più importante formare il nostro affiliato su questo aspetto per esporre e spiegare tutte le caratteristiche di una lavorazione manuale e artigianale. In più, il negozio nel suo *layout* visivo è stato

curato con espositori specializzati per ogni settore merceologico e illuminati dall'interno, in modo da esaltare i colori e le forme, senza disturbare il punto focale dell'osservatore.

**Successo**
*Quale ritiene sia stato il suo successo più importante?*

La fidelizzazione della nostra clientela è il successo più importante, pur avanzando la crisi delle vendite, i nostri negozi riescono a mantenere i fatturati perché quando un cliente decide di fare un acquisto, torna perché ha percepito la particolarità del prodotto e la cura che tutte le persone che lo creano e lo vendono mettono nel proprio lavoro.

**Futuro**
*Quali sono i suoi obiettivi futuri?*

Abbiamo tre obiettivi principali: arrivare a cinquanta punti vendita in Italia, portare il prodotto all'estero dove il "Made in Italy" ci permette di vendere con più facilità, infine inserire nuovi settori commerciali che soddisfino tutte le esigenze dei nostri clienti, magari trovando degli abbinamenti con il *food* di qualità.

# Capitolo 17
# Primadonna Collection

 La storia di Primadonna Collection, uno dei *network* più importanti di calzature da donne e accessori, è raccontata da Valerio Tatarella, fondatore e amministratore delegato del marchio. La rete conta oggi quattrocento negozi, di cui 240 in affiliazione e gli altri diretti, in Italia e all'estero, in particolare in Francia, Lussemburgo, Germania, Svizzera, Cipro, Albania, Bosnia, Qatar, Ungheria, Slovacchia, Marocco, Tunisia, Emirati Arabi, Russia.

**Come nasce Primadonna Collection?**
*In che anno è stata lanciata l'attività aziendale e quando è stato avviato il progetto in franchising?*

L'azienda nasce all'inizio degli anni '90, abbiamo lanciato il progetto *franchising* nel 2001. Ma tutto della mia storia parla di questo settore, delle scarpe, degli accessori, dell'abbigliamento e poi del *total look*. Insomma, della ricerca per regalare la migliore soddisfazione alle clienti.
Avevo sedici anni quando ho iniziato ad affiancare mio padre, Nicola Tatarella, che distribuiva scarpe all'ingrosso. Da lui ho imparato tutto, insieme a mio fratello. È stata una scuola sul campo, la più preziosa, quella che nessun master universitario ti può dare.
Devo anche dire però che non mi sono mai fermato, studio sempre il mercato, i miei interlocutori, cerco di anticipare i segnali di cambiamento.

**L'idea**
*Come è nata l'idea?*

Siamo partiti dalla distribuzione di calzature. La svolta che ci ha portato al *retail* e al *franchising* è avvenuta quando ci siamo resi conto che il mercato, e soprattutto la distribuzione, stavano cambiando. Credo che i nostri punti di forza siano stati due. Innanzitutto la formula del conto vendita, che allora non esisteva nell'ambito delle calzature, che si è subito rivelata una soluzione efficace per abbattere i costi di magazzino, rendendo molto attrattiva la nostra formula commerciale agli occhi dei potenziali *franchisee*. All'affiliato garantiamo un margine fisso e costante tutto l'anno. Ci occupiamo del ritiro delle giacenze a fine stagione e prevediamo un riassortimento automatico degli articoli più venduti, mentre ogni settimana garantiamo l'invio di nuovi modelli di collezione, composta da centinaia di referenze per stagione. L'altra intuizione che si è rivelata corretta è stata quella di offrire un prodotto bello, qualitativamente valido, in un gran bel contenitore - il negozio - scegliendo come *location* le migliori vie cittadine e i migliori centri commerciali.

**Strategie**
*Quali sono state le strategie e i segreti della crescita dei format?*

Oltre a quello che scrivevo sopra, non ci sono segreti. C'è il supporto costante all'affiliato, che si sente davvero parte di un gruppo. E ci sono tanto lavoro e tanta passione. Quella dedizione che io e mio fratello abbiamo imparato da nostro padre, Nicola Tatarella.

**Errori da cui imparare**
*Qual è stato l'errore più importante che avete commesso e che cosa avete imparato da quell'errore?*

Preferirei non parlare di errori, ma di una 'tentazione' in cui bisogna imparare a non cadere. E cioè quella di credere che un buon prodotto sia sufficiente per vendere e avere successo. Invece non è così, o almeno lo è solo in parte: sono importanti la *shopping experience* e un servizio a trecentosessanta gradi, perché tutto deve ruotare intorno alla nostra cliente.

## Sfide
*Qual è stata la sfida che avete affrontato e come l'avete superata?*

Ogni giorno è una sfida, perché siamo in uno scenario in continua evoluzione. Forse quella che ci sta davanti e che richiederà sempre più impegno è la sfida della omnicanalità. E per superarla bisogna fare leva su professionalità con competenze altamente specializzate.

## Successo
*Quale ritiene sia stato il suo successo più importante?*

Avere affermato un *brand* tutto mio.

## Futuro
*Quali sono gli obiettivi futuri?*

Proseguire nel nostro programma di aperture in Italia e all'estero e continuare a migliorare sempre il servizio alla nostra cliente.

La storia del progetto in *franchising* e del *brand* Kipoint, uno dei maggiori *network* italiani nel settore dei servizi di corriere espresso nazionale e internazionale, è raccontata da Armando Borsetti, amministratore delegato e direttore del marchio.
Al giugno 2019 i negozi della rete tra aperti e in fase di apertura sono 103, di cui uno diretto.
Di questi, tredici si trovano all'interno delle più importanti stazioni d'Italia e ne gestiscono il servizio ufficiale di deposito e porteraggio del bagaglio. Il mercato estero invece, è ancora in fase di disamina.

**Come nasce Kipoint**
***In che anno ha lanciato la sua attività aziendale e quando ha avviato il progetto in franchising?***

Kipoint è l'azienda in *franchising* del Gruppo Poste Italiane nata nel 2002 come canale di SDA Express Courier dedicato a clienti SoHo, cioè *Small office* e *Home office*, e SMB, cioè *Small and Medium size Business*.

**L'idea**
***Come è nata l'idea?***

È nata dal *management* di SDA Express Courier con il proposito di presidiare quei clienti medio/piccoli che la forza commerciale diretta non aveva in portafoglio e di cui non rappresentava il *target* principale, proponendo il prodotto di spedizione nazionale e internazionale SDA, coadiuvato da una professionale e proattiva assistenza operativa e commerciale, tutt'oggi il fiore all'occhiello dei nostri affiliati.

**Strategie**
*Quali sono state le strategie e i segreti della crescita del format?*

Focalizzarsi sul *core business* delle spedizioni valorizzando il legame con SDA e integrando l'offerta con ulteriori prodotti e servizi del Gruppo Poste Italiane, per rafforzare ancora di più il senso di appartenenza dei nostri negozi.

La nostra *value proposition* è sicuramente quella di offrire alla clientela *target*, cioè piccole e medie aziende e liberi professionisti, un punto di riferimento per tutte le attività che desiderino o debbano esternalizzare.

La profonda professionalità e conoscenza del settore da parte dei nostri affiliati fa sì che il cliente non debba affatto preoccuparsi della gestione di queste attività e delle potenziali problematiche e disservizi.

**Errori da cui imparare**
*Qual è stato l'errore più importante che ha commesso e che cosa ha imparato da quell'errore?*

Nei primi anni di sviluppo della rete la grande fiducia e passione per il progetto all'interno dell'azienda ha forse comportato, alcune volte, la valutazione dei candidati *franchisee* in base alla forte empatia che molti di questi dimostravano nei confronti del progetto, del *format* e di ciò che rappresentava.

La conseguenza è stata, in alcuni casi, di aver dato più peso alla volontà dimostrata e alla capacità economica, piuttosto che approfondire con obiettività e severità le reali capacità imprenditoriali dei candidati. Molti di essi provenivano da realtà di lavoro dipendente o autonomo e in pochissimi avevano già avuto esperienze imprenditoriali, quindi sarebbe comunque stata una valutazione molto ardua da effettuare.

## Sfide

*Qual è stata la sfida che ha affrontato e come l'ha superata?*

Chiaramente i grandi cambiamenti apportati al settore delle spedizioni da parte dell'avvento e boom dell'*e-commerce* e dei suoi grandi *player*.

Infatti, inizialmente la vendita on line ha creato per Kipoint e altri operatori del corriere espresso un aumento dei potenziali clienti SoHo, ma a breve distanza ha comportato una forte diminuzione della marginalità creata dalla grande competizione e dalla necessità di abbassare notevolmente le tariffe di vendita.

## Successo

*Quale ritiene sia stato il suo successo più importante?*

Per quanto riguarda il *business* classico di Kipoint, riuscire a mantenere in essere rapporti di *franchising* con molti dei primi storici imprenditori che fanno tuttora parte della rete e collaborano con passione e dedizione.

In secondo luogo sdoganare questo *format* in ambiti di importanza istituzionale come le stazioni centrali d'Italia, gli aeroporti e gli *outlet* del lusso con progetti innovativi e di successo.

## Futuro

*Quali sono i suoi obiettivi futuri?*

Gli obiettivi futuri sono in primo luogo di continuare a sviluppare la nostra rete di affiliati con l'obiettivo di creare un *network* capillare e integrato, focalizzando l'offerta al cliente su servizi a valore aggiunto, puntando a creare un negozio che sia "one stop solution".

Concentrare il *business* nelle stazioni e in generale in quelle *location* che possono essere considerate degli "hub" per i viaggiatori e *commuters* sarà sicuramente un nostro *target* importante.

# Capitolo 19
## L'Erbolario

La storia del progetto in *franchising* e del *brand* L'Erbolario, uno dei maggiori *franchisor* nel settore della erboristica artigianale, è raccontata da Luigi Bergamaschi, titolare del marchio e figlio dei fondatori.

Oggi la rete conta, nel nostro Paese, 168 punti vendita, di cui 52 a gestione diretta e 116 in formula di affiliazione. Oltre a questi, 14 aperture sono all'estero: 4 in Svizzera, e poi Bulgaria, Grecia, Croazia, Slovacchia, Londra e Malta.

**Come nasce L'Erbolario?**
*In che anno è stata lanciata l'attività aziendale e quando è stato avviato il progetto in franchising?*

L'Erbolario è stata fondata nel 1978 e l'attività di *franchising* è partita nel 2004.

**L'idea**
*Come è nata l'idea?*

L'Erbolario nasce a Lodi nel 1978, come piccola erboristeria artigiana, ma ancor prima nell'immaginazione dei suoi fondatori, e miei genitori: Franco Bergamaschi e Daniela Villa, che fin dall'adolescenza avevano condiviso la passione per il mondo delle piante officinali, trascorrendo le giornate nei campi della campagna lodigiana alla ricerca di erbe spontanee.

I primi fitocosmetici prendono vita, dapprima seguendo le ricette di famiglia tramandate da mio nonno paterno, poi mettendo a frutto le conoscenze acquisite durante i corsi di erboristeria, fitocosmesi e fitopreparazione. Piano piano i prodotti L'Erbolario varcano le porte della bottega lodigiana per diffondersi sugli scaffali delle erboristerie di tutta Italia.

Un percorso in crescendo che ha portato il *brand* a divenire negli anni - senza mai abbandonare la propria vocazione di impresa familiare - un'azienda rinomata e riconosciuta a livello internazionale, eccellenza nel mercato italiano della cosmesi di derivazione vegetale e marchio sempre più apprezzato anche all'estero.

### Strategie
*Quali sono state le strategie e i segreti della crescita dei format?*

Nessun segreto, la nostra volontà è da sempre mettere al centro i clienti, offrendo prodotti cosmetici sempre più naturali ed efficaci, unendo il sapere erboristico alle più moderne tecnologie formulative, per creare dei prodotti eccellenti, 100 per cento "Made in Italy", che siano naturalmente etici, rispettosi degli uomini, degli animali e dell'ambiente.

Tutto proposto in un ambiente raffinato e accogliente, da personale qualificato e che sappia capire le reali necessità delle persone che frequentano il punto vendita.

Anche il *format* nel corso degli anni si è evoluto, con elementi di arredo che si sono adattati alle logiche e alle necessità dei centri commerciali, pur mantenendo sempre ben riconoscibili i tratti distintivi che caratterizzano i nostri negozi.

### Errori da cui imparare
*Qual è stato l'errore più importante che avete commesso e che cosa avete imparato da quell'errore?*

Probabilmente sono stati proprio gli errori commessi in passato che hanno permesso la nascita del *format* dei punti vendita monomarca.

Ad esempio, nel primo negozietto aperto dai miei genitori, la proposta merceologica non era incentrata su un solo marchio. Con il passare degli anni, andando a sfoltire sempre di più l'elenco dei fornitori presenti in negozio, la strada maestra è stata tracciata in maniera abbastanza chiara: avere una proposta merceologica ben definita, che fosse facilmente leggibile dal consumatore. Dopo diversi anni di aggiustamenti, dopo aver replicato questa formula in diverse città, è nata l'idea di creare l'attuale progetto *franchising*, che prevede oltre ai fitocosmetici a marchio L'Erbolario, anche la vendita di integratori Erbamea, una nostra *sister company*. Per assicurare ai nostri clienti un benessere a 360 gradi.

**Sfide**
*Qual è stata la sfida che avete affrontato e come l'avete superata?*

La sfida più grande è sicuramente quella di riuscire a eccellere in un mercato molto competitivo come quello di oggi, con un mondo del *retail* in continuo cambiamento, sia a livello di tecnologie che di abitudini di acquisto dei consumatori. Noi da sempre abbiamo internalizzato tutti i processi: dalla ricerca e sviluppo, alla produzione, al *marketing*, fino alla spedizione a ogni singolo punto vendita del territorio. Avere questo *team* multidisciplinare in azienda, sicuramente ci ha permesso di evolverci continuamente e di essere sempre al passo con i tempi.

**Successo**
*Quale ritiene sia stato il suo successo più importante?*

Per noi il successo più grande è sicuramente quando riceviamo degli apprezzamenti da parte dei consumatori per i nostri prodotti, oppure quando viene elogiata la competenza del nostro personale di vendita, come possono testimoniare i prestigiosi riconoscimenti che otteniamo ogni anno sulla qualità del servizio della nostra rete di negozi. Pensare che ci siano famiglie italiane che utilizzano i prodotti de L'Erbolario da tre generazioni ci inorgoglisce davvero. Un altro aspetto di cui andiamo particolarmente fieri è la consapevolezza di aver creato centinaia di posti di lavoro sul territorio.

**Futuro**
*Quali sono gli obiettivi futuri?*

Le sfide per il futuro sono innumerevoli: la prima è sicuramente quella di espandere la catena di punti vendita oltre i confini nazionali, senza ovviamente rinunciare a presidiare, come abbiamo sempre fatto, il nostro Paese di origine.

# Capitolo 20
# Color Glo International

La storia del progetto in *franchising* e del *brand* Color Glo International, uno dei maggiori *franchisor* nel settore della rigenerazione di pelle e plastica, è raccontata da Fabrizio Lo Russo, amministratore unico del marchio in Italia. Oggi la rete conta, nel nostro Paese, oltre 40 punti affiliati e un punto diretto, mentre è presente in tutti i continenti, con circa 1.100 affiliati.

**Come nasce Color Glo International**
*In che anno è stata lanciata l'attività aziendale e quando è stato avviato il progetto in franchising? Quando invece avete acquisito la licenza del marchio in Italia?*

Color Glo nasce a Minneapolis, Stati Uniti, nel 1975, concretizzando l'idea di un'azienda unica nel suo genere, specializzata nel restauro e nella riparazione di pelle, similpelle, tessuti, velluti, plastica e alcantara. Fondata da Everett C. Smith per rispondere alle crescenti esigenze di un settore in costante sviluppo, Color Glo è stata fin dall'inizio il punto di riferimento di questo mercato. Color Glo International è arrivata in Italia nel 2005 quando ho acquisto la licenza del marchio e, nello stesso anno, ho avviato il progetto in *franchising*. Da allora, con la mia squadra, abbiamo contribuito all'espansione in Europa aprendo in Grecia, Danimarca, Svezia, Norvegia e Spagna.

**L'idea**
*Come è nata l'idea?*

L'idea di portare Color Glo in Italia è stata di mio fratello Ernesto che vive negli Stati Uniti da molti anni. È stato lui il primo in famiglia a conoscere questo servizio così particolare e innovativo - ovvero riparazione, restauro e colorazione di superfici in pelle e plastica con danni accidentali o da usura - e ha pensato subito di inviarmi delle foto con il risultato di un intervento realizzato dai tecnici specializzati Color Glo. La mia prima reazione? Ho pensato a uno scherzo e che avesse risistemato lui il danno con *photoshop*! Non sapevo fosse possibile qualcosa del genere e, come la maggior parte delle persone, credevo che graffi sul cuscino in pelle del divano, l'usura del volante o una bruciatura di sigaretta sul sedile della barca si risolvessero con la sostituzione. Mio fratello mi ha letteralmente aperto un mondo. Il suo entusiasmo e la mia curiosità ci hanno portati a volerne sapere di più, così abbiamo deciso di visitare la casa madre a Minneapolis. Le tecniche utilizzate, i prodotti esclusivi, la professionalità, la potenzialità del servizio, la presenza di Color Glo in molti Paesi nel mondo, ci hanno definitivamente conquistato e abbiamo deciso di diventare *master franchisee* per l'Italia e ultimamente anche della Spagna.

**Strategie**
***Quali sono state le strategie e i segreti della crescita del format?***

Il nostro *business* si è presentato da solo: essendo così particolare e innovativo ha sempre destato curiosità e catturato l'attenzione di un *target* ampio e trasversale. Abbiamo da subito puntato sulla qualità delle nostre riparazioni, eseguite a regola d'arte da artigiani altamente specializzati, in grado di stupire e conquistare anche i clienti più diffidenti. Siamo consapevoli che per ottenere risultati e creare un'azienda solida bisogna lavorare e impegnarsi, credere nel proprio progetto imprenditoriale, scegliere dei collaboratori validi con cui portare avanti progetti, impegni e successi. Crediamo molto nel lavoro di squadra e nella collaborazione: il successo dei nostri affiliati equivale al nostro successo. Lavoriamo e ci impegniamo ogni giorno affinché tutta la rete e i nostri clienti siano soddisfatti di aver scelto Color Glo.

**Errori da cui imparare**
*Qual è stato l'errore più importante che ha commesso e che cosa ha imparato da quell'errore?*

È improbabile che un percorso imprenditoriale possa procedere in maniera lineare senza rallentamenti o intoppi. Tutti commettiamo errori, è umano. La cosa importante è imparare da essi, l'esperienza insegna. All'avvio di questa avventura, non avendo molta esperienza imprenditoriale e non conoscendo approfonditamente il mondo del *franchising*, non sempre ho prestato la giusta attenzione nel selezionare gli affiliati. Ho imparato, con il tempo, che la scelta dell'affiliato è fondamentale per tenere alti gli *standard* di professionalità e qualità che ci rappresentano e oggi sono molto più rigoroso nella scelta di chi rappresenterà il mio *brand*.

**Sfide**
*Qual è stata la sfida che ha affrontato e come l'ha superata?*

La maggiore sfida che ho affrontato è stata la mancanza di educazione al riciclo. Nel 2005 io stesso non ero consapevole della possibilità di poter dare nuova vita a un bene danneggiato, salvaguardandone il valore ma anche l'ambiente. Come me, la maggior parte della popolazione. Come sempre, sono stati i risultati dei nostri interventi a parlare per noi. La differenza tra il 'prima' e il 'dopo' delle nostre lavorazioni lascia tutti a bocca aperta. Dalla soddisfazione del cliente parte la miglior forma di pubblicità esistente: il passaparola, che ancora oggi ci porta un gran numero di clienti.

**Successo**
*Quale ritiene sia stato il suo successo più importante?*

Il successo più importante è stato portare in Italia un *business* verso il quale i più erano scettici e raggiungere il successo. Siamo stati dei pionieri con tutti i vantaggi e gli svantaggi che questo può comportare, ma ci abbiamo sempre creduto e questo ci ha dato la forza per andare avanti anche nei momenti difficili. Negli anni abbiamo costruito una rete solida e siamo diventati un autorevole punto di riferimento nel settore. Tutto il lavoro e l'impegno profusi nel nostro *franchising* hanno ricevuto diversi riconoscimenti, tra cui il *Franchising Award* e il *Best Franchisee of the World*.

**Futuro**
*Quali sono i suoi obiettivi futuri?*

Da quando è iniziata questa avventura imprenditoriale, non ci siamo mai fermati. Siamo in costante evoluzione per essere sempre al passo con le richieste del mercato ed essere fedeli all'innovazione che da sempre ci accompagna. Ci attendono nuove aperture, in Italia e all'estero, e collaborazioni commerciali di valore. Se guardiamo il cammino percorso non possiamo che esserne orgogliosi, siamo consapevoli che tutto è migliorabile e le sfide ci spingono a dare il meglio di noi stessi. Non vediamo l'ora di rigenerare il futuro (#Senonènuovoècolorglo).

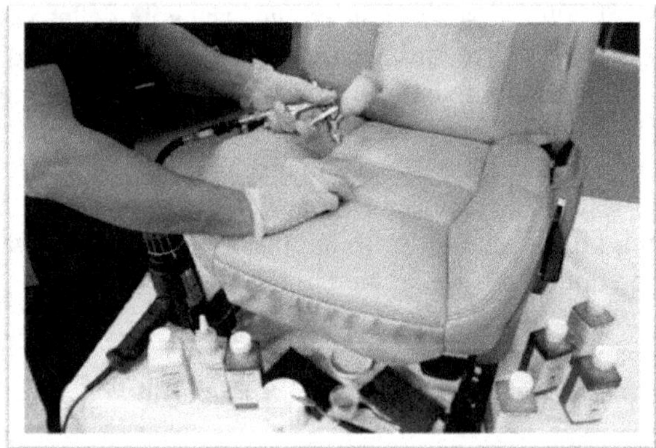

# Capitolo 21
## Moving People by Gruppo Europa

La storia di Gruppo Europa e del *brand* Moving People è raccontata dal *team marketing* dell'azienda.
Oggi la rete conta, nel nostro Paese, 110 filiali, di cui due a gestione diretta e il restante in affiliazione *franchising*. Per quanto concerne l'estero, il mercato è ancora in fase di valutazione.

**Come nasce Moving People by Gruppo Europa**
*In che anno è stata lanciata l'attività aziendale e quando è stato avviato il progetto in franchising?*

L'intuizione e l'esordio avvengono nel 1995 con la nascita dell'agenzia AreaAssistenza nella città di Reggio Emilia e Bologna, con l'obiettivo di intermediare polizze assicurative in una specifica nicchia di mercato, quella dell'assistenza sanitaria per chi viaggia.
Il progetto *franchising* invece, vede la luce nel 2005 con la nascita del marchio AreaAssistenza Franchising Network che riceve il premio *Franchising Awards* per "aver dato vita a una nuova professione".
L'evoluzione è continua e fino a oggi il marchio ha vissuto quasi ogni anno delle trasformazioni.

**L'idea**
*Come è nata l'idea?*

Il nostro viaggio è iniziato nel 1995 con molto entusiasmo, tanta passione e grande determinazione, lanciando una nuova professione che abbiamo alimentato con i nostri sogni diventati poi progetti e concreti servizi da offrire alla nostra clientela. In breve tempo lanciamo sul mercato il marchio, "Gruppo Europa Franchising Network - AreaAssistenza - AreaSanitaria - AreaFin", con la volontà di rispondere a esigenze di una clientela sempre più eterogenea ed esigente. Nel 2012 lo caratterizziamo ancor più per meglio identificare la nostra area di *business* principale: Gruppo Europa Immigrazione Franchising Network. Nel 2017, divenendo il fenomeno migratorio sempre più sfaccettato ed eterogeneo e avendo il mercato sempre più bisogno di risposte certe, "su misura", e di punti di riferimento sul territorio, dismettiamo l'uso di tutti i vecchi marchi e ci presentiamo sul mercato con il "Gruppo Europa Moving People", rivolgendoci quindi non più solo agli stranieri che vengono in Italia ma in generale a tutti coloro che si "muovono" nel mondo: dai giovani alle famiglie che si muovono per vacanza o per accrescere la loro cultura ed esperienza in giro per il mondo, ai professionisti e agli imprenditori che portano il loro *business* fuori dai confini del proprio stato. Un importante riconoscimento alla validità del progetto è arrivato nel 2018 con l'acquisizione di Gruppo Europa da parte di Extrabanca (la prima banca in Italia creata per servire specificatamente clientela straniera) operazione grazie alla quale ora Moving People può contare su una struttura ancora più solida e una gamma di prodotti offerti più ampia. Forti di questa unione, siamo pronti ad ampliare ulteriormente i nostri orizzonti e internazionalizzare la nostra offerta, diventando Moving People - Bridging International Boundaries. Nel nostro percorso di crescita però, non abbiamo mai smesso di appassionarci alle storie dei nostri clienti e dei nostri affiliati. L'attenzione alla singola persona, al singolo caso, ogni volta peculiare e differente da ogni altro, rappresenta il nostro vero valore aggiunto: le vostre storie sono la nostra passione.

**Strategie**
*Quali sono state le strategie e i segreti della crescita del format?*

Abbiamo puntato tutto sulla rete e i servizi. Durante tutti questi anni, abbiamo permesso a chi era alla ricerca di una nuova occupazione, a chi voleva rimettersi in gioco e a chi cercava una nuova sfida lavorativa, di imparare un nuovo lavoro e di crearsi una professionalità indiscutibile.

L'affiliazione si rivolge a coloro che vogliono diventare consulenti altamente qualificati in grado di rispondere a esigenze di singoli ma anche di aziende e di imprenditori.

Il supporto dell'azienda è totale: nella fase di *start up* trasferiamo le nostre competenze professionali attraverso corsi formativi in aula e on line.

Assistiamo gli affiliati sotto ogni aspetto, dalla ricerca e progettazione, al *marketing*, alla formazione fino all'assistenza e al monitoraggio dell'attività attraverso aggiornamenti e con il supporto del nostro *Contact Center*.

**Errori da cui imparare**
*Qual è stato l'errore più importante che avete commesso e che cosa avete imparato da quell'errore?*

In passato, per scelta strategica di creare più volume all'interno della rete, abbiamo affiliato anche persone con poco spirito imprenditoriale. Negli ultimi anni la selezione si è affinata con criteri di analisi del potenziale affiliato più mirata, volta a individuare una capacità nella gestione di una attività autonoma preesistente, al di là della formazione e del supporto che noi forniamo.

**Sfide**
*Qual è stata la sfida che avete affrontato e come l'avete superata?*

Siamo una storica realtà nata dalla volontà di assistere in modo professionale e qualificato le persone che si muovono nel mondo.
Non siamo solo spettatori di un cambiamento epocale della nostra era, ma possediamo l'autorevolezza e la conoscenza per essere consulenti specializzati per offrire soluzioni mirate, assistenza completa e servizi per tutti i cittadini del mondo.

Vogliamo essere la risposta altamente qualificata alle esigenze di un mercato globale.

Si spostano le persone e noi siamo la risposta alle loro esigenze (sia che si spostino per lavoro, affari, studio, famiglia o semplice vacanza).

Il *target* di clientela straniero al quale ci rivolgiamo è costituito da coloro che sono già integrati, o che entrano in Italia in modo regolare; ci occupiamo anche di personale straniero altamente qualificato che intende far ingresso in Italia per motivi professionali.

Moving People è un *format* attuale e in linea con le esigenze del nostro tempo.

**Successo**
***Quale ritenete sia stato il vostro successo più importante?***

L'apertura di oltre 10 nuove agenzie nel corso dell'anno: una crescita dovuta anche all'acquisizione da parte di Extrabanca, che ha permesso a Moving People di ampliare la gamma dei servizi offerti, affiancando alla consulenza e all'assistenza per l'ingresso e la permanenza all'estero o in Italia, anche servizi finanziari mirati agli stranieri, come mutui e prestiti personali.

Una scelta che si sta rivelando vincente.

**Futuro**
***Quali sono i vostri obiettivi futuri?***

Vogliamo essere un supporto per una società sempre più globalizzata e aperta all'internazionalità.

La realtà moderna si compone di società diverse, popoli, costumi e usi variegati uniti da un fenomeno di globalizzazione inarrestabile in continua espansione.

La rete di Moving People by Gruppo Europa da più di 20 anni si impegna a facilitare il movimento di persone all'interno del Paese e fuori dai suoi confini.

Il nostro obiettivo è espanderci sempre di più in Italia e puntare anche al mercato estero trovando dei *master franchising* attraverso cui diffondere il nostro marchio.

# Capitolo 22
# Naturhouse

La storia del progetto in *franchising* e del *brand* Naturhouse, uno dei maggiori *network* nel settore dei prodotti di origine naturale e di educazione alimentare, è raccontata da Raffaello Pellegrini, amministratore delegato del marchio in Italia.

A oggi, i punti vendita operativi nel nostro Paese sono quasi 500, 45 dei quali diretti, anche se i contratti di affiliazione sottoscritti in quindici anni, tra prime aperture, rinnovi, cessioni di punti vendita diretti o in *franchising* al personale, sono oltre il triplo. Il marchio è presente all'estero in altri 30 Paesi con duemila punti vendita.

**Come nasce Naturhouse**
*In che anno è stata lanciata l'attività aziendale e quando è stato avviato il progetto in franchising? Quando invece ha acquisito la licenza del marchio in Italia?*

Correva l'anno 2005 quando un cacciatore di teste venne a bussare alla mia porta cercando un *manager* con esperienza imprenditoriale: conoscenza perfetta dello spagnolo e sufficiente lungimiranza - o incoscienza - per sviluppare da zero un *format* tanto innovativo quanto assolutamente sconosciuto sul territorio italiano. Apprezzando la geniale semplicità del *format* e scommettendo su un mercato allora quasi inesistente in Italia, quello degli integratori alimentari, che oggi vale oltre tre miliardi di euro l'anno, ho percorso quasi 500mila chilometri nei primi diciotto mesi, predicando il verbo Naturhouse e riuscendo ad aprire quattordici punti vendita, di cui dieci in *franchising*.

## L'idea
### Come è nata l'idea?

Se è vero che non posso rivendicare la paternità dell'idea, frutto dell'intuizione nei primi anni '90 di Felix Revuelta, fondatore e attuale presidente della Holding HealthHouse S.A., sicuramente nessuno può privarmi del merito di aver sapientemente adattato il *business format* al nostro mercato e, soprattutto, alla nostra cultura alimentare, dando anche quel tocco di italianità sotto il punto di vista del *layout*, che rende i punti vendita italiani quelli di gran lunga più "accoglienti" dell'intero panorama mondiale Naturhouse.

## Strategie
### Quali sono state le strategie e i segreti della crescita del format?

Anche se in tutte le aziende è sempre la qualità delle persone a fare la differenza, nel nostro *format* la centralità delle risorse umane è fondamentale, motivo per cui, da subito, ho investito moltissime risorse in tutto il processo di ricerca, selezione, formazione e monitoraggio delle *performance* del personale. Grazie a ciò oggi, la professionalità del personale operante nei punti vendita, unitamente alla qualità dei prodotti venduti, costituisce il valore aggiunto che ci consente di fidelizzare i nostri clienti, che in Italia sono ormai oltre 1,5 milioni.

## Errori da cui imparare
### Qual è stato l'errore più importante che ha commesso e che cosa ha imparato da quell'errore?

Mi sono fidato troppo di alcuni collaboratori e soprattutto ho fatto loro guadagnare troppo e troppo in fretta.

Nella nostra società la riconoscenza spesso rimane solo nei vocabolari e i soldi, ribadisco, fanno cambiare le persone meno strutturate sotto il punto di vista dei valori personali, sempre in peggio.

### Sfide
*Qual è stata la sfida che ha affrontato e come l'ha superata?*

La sfida più importante continuo ad affrontarla ogni giorno, ovvero riuscire a mantenere la passione e la motivazione quotidiana di tutti i miei dipendenti e di tutti coloro che operano nei nostri punti vendita a un livello ottimale, *conditio sine qua non* per poter erogare un servizio di qualità ai nostri clienti.

### Successo
*Quale ritiene sia stato il suo successo più importante?*

Potrei limitarmi a menzionare il fatto che il marchio ha sicuramente creato una nicchia commerciale, di cui è *leader*, fondata sull'educazione alimentare, risultando uno dei *player* più significativi nella creazione della cultura dei complementi dietetici. Ma mi preme aggiungere che solo in malafede si potrebbe negare l'utilità sociale di quello che facciamo quotidianamente, dato che attraverso l'educazione alimentare ci occupiamo di prevenzione, contribuendo non poco a contrastare la diffusione delle cosiddette malattie dismetaboliche, vera piaga ormai pandemica della nostra società. Bello anche sottolineare come al momento della quotazione alla borsa di Madrid nel 2015, l'Italia fosse il secondo mercato come fatturato e il primo per EBITDA (indicatore di redditività che evidenzia il reddito di un'azienda basato solo sulla sua gestione operativa), mentre oggi continua a essere l'unico tra i mercati consolidati ancora in crescita, sia in termini di fatturato che come numero di punti vendita.

### Futuro
*Quali sono i suoi obiettivi futuri?*

Relativamente a Naturhouse arrivare a tagliare il traguardo dei 500 punti vendita operativi sul territorio italiano.

Per quanto concerne il sottoscritto invece, è un po' di tempo che la voglia di ricominciare da zero con un nuovo *format* solletica la mia fantasia imprenditoriale e ora, dopo anni di ricerche e analisi, ritengo di avere individuato quello giusto.

# Capitolo 23
# Invidia Uomo

La storia del progetto in *franchising* e del *brand* Invidia Uomo, uno dei maggiori *network* italiani nel settore dell'abbigliamento maschile e femminile, è raccontata da Luca Valoti, amministratore delegato del marchio. Oggi la rete conta 58 punti vendita aperti nel nostro Paese, di cui 27 in affiliazione e 31 negozi diretti. All'estero invece, sono circa dieci i negozi, con una maggiore concentrazione nei Paesi dell'Europa dell'Est e in Russia.

**Come nasce Invidia Uomo**
*In che anno ha lanciato la sua attività aziendale e quando ha avviato il progetto in franchising?*

L'attività aziendale nasce nel 1973 soprattutto per la produzione di camicie da uomo. Il progetto Invidia Uomo invece, nasce nel 2003 e diventa *franchising* nel 2006 dopo un periodo esperienziale nei primi punti vendita diretti e dopo uno studio di fattibilità.

**L'idea**
*Come è nata l'idea?*

L'idea è l'evoluzione ispirata di un produttore di camicie che, forte del proprio *know-how* e dell'economia di scala nel produrre lo stesso capo per diversi punti vendita, inizia la vendita diretta prima con un negozio pilota a Milano e dopo qualche mese all'Orio Center.

Nel frattempo alle camicie, tuttora elemento principe e nostro prodotto di punta, sono stati affiancati gli accessori, le maglie, i pantaloni, il capo spalla e infine, da circa sei anni, anche la collezione donna. Oggi siamo in grado di proporre un *total look* completo, contemporaneo e con un ottimo rapporto qualità/prezzo.

**Strategie**
*Quali sono state le strategie e i segreti della crescita del format?*

La strategia è quella di non rincorrere il prezzo basso ma, come dicevo, un buon rapporto qualità/prezzo, che lasci il cliente finale soddisfatto della scelta e del servizio ricevuto nei punti vendita. Il nostro personale viene formato per far vivere al cliente un'esperienza d'acquisto di valore; così come di valore è il prodotto che è pensato per la soddisfazione in termini di vestibilità, durata e riuscita. Siamo "ossessionati" dalla cura per il cliente e dalla sua felicità e dal suo entusiasmo, dopo l'acquisto: unico volano per una crescita fedele.

**Errori da cui imparare**
*Qual è stato l'errore più importante che ha commesso e che cosa ha imparato da quell'errore?*

L'aver accettato nella rete un paio di affiliati che non avevano la giusta motivazione e passione nel voler replicare un modello testato oggi in tutti i nostri punti vendita. Se l'affiliato non si sente *partner* attivo di un progetto da condividere, non solo nel *concept* ma anche nell'operatività, crea nella rete una distonia che alla fine produce criticità: sul servizio, al cliente nonché sulle *performance* economiche.

**Sfide**
*Qual è stata la sfida che ha affrontato e come l'ha superata?*

La nostra sfida è stata riuscire a proporre all'affiliato la merce in conto vendita, lasciando inalterata la sua marginalità anche nei saldi. Pertanto la responsabilità sul prodotto rimane in capo alla casa madre.

L'abbiamo superata monitorando costantemente le giacenze tra i vari punti vendita con l'obiettivo di contenere la percentuale di resi a fine stagione.

**Successo**
*Quale ritiene sia stato il suo successo più importante?*

Innanzitutto il successo è il risultato dell'impegno continuo di tutto il *team*. Il mio è stato quello di far comprendere a tutti il valore esponenziale del lavoro di squadra e il ruolo chiave della formazione qualitativa di tutti gli attori appartenenti alla rete.

**Futuro**
*Quali sono i suoi obiettivi futuri?*

Accrescere con regolarità la rete, sia diretta che in affiliazione, prediligendo le *location* a vocazione turistiche che ci stanno regalando grandi soddisfazioni. Creare le basi per arrivare a cento punti vendita aperti entro il 2025.

# Capitolo 24
# Pentagroup

 La storia di Pentagroup, a cui fanno capo le due reti in *franchising* La Yogurteria e Fry Chicken - rispettivamente 60 e 3 punti vendita affiliati - è raccontata da Alberto Langella, co-fondatore e amministratore delegato. I due *network* sono tra i più importanti del settore ristorazione, si tratta in particolare di yogurtiere e locali di *fast food* a base di pollo cento per cento italiano.

**Come nasce Pentagroup?**
*In che anno è stata lanciata l'attività aziendale e quando è stato avviato il progetto in franchising?*

Nel 2006, insieme ad altri quattro soci, ho fondato la Pentagroup. Contestualmente abbiamo lanciato La Yogurteria, rete in *franchising* di yogurterie. Qualche anno più tardi abbiamo dato vita a Fry Chicken, proposta di ristorazione veloce che punta a offrire prodotti freschi, preparati al momento e italiani, dove protagonista è il pollo.

**L'idea**
*Come è nata l'idea?*

Ho studiato giurisprudenza ma ho sempre avuto una grande passione per il *business*. Sono arrivato al *franchising* dopo un percorso di direzione commerciale in diverse aziende.
E ci sono arrivato prima come *franchisee*. Mi sono affiliato a una nota rete di yogurterie quando questo settore della ristorazione era ancora

agli albori, dopo qualche tempo però ho deciso di aprirne una mia. Avevo le mie idee su come si sarebbe potuto incrementare il fatturato, volevo introdurre nuove ricette e anche un angolo di proposte calde, ma la casa madre non mi dava la possibilità di concretizzare le mie ambizioni. Per questo ho scelto di intraprendere una nuova attività da solo. E le mie intuizioni si sono rivelate corrette. L'angolo caldo oggi rappresenta il 30 per cento del fatturato. Dopo qualche tempo di sperimentazione ho deciso di andare oltre il mio locale e di provare a crescere con il *franchising*, la leva che ritengo più corretta per chi ha un'idea imprenditoriale ma non ha ancora capitali importanti per aprire direttamente. E quindi è iniziata la mia seconda vita, quella di *franchisor*.

**Strategie**
*Quali sono state le strategie e i segreti della crescita dei format?*

L'imprenditore deve innovare per definizione e non avere paura del rischio. Una fase cruciale è quella del *recruiting*. Sono tante le candidature spontanee di aspiranti affiliati, ma la selezione deve essere fatta con cura. Il *franchisor* mette il proprio *brand* nelle mani dei *franchisee*. Noi cerchiamo soprattutto aspiranti imprenditori che abbiano ottime capacità di relazione con il pubblico. Da parte nostra sappiamo che l'affiliato non deve mai avere la sensazione di essere lasciato solo, l'ho sperimentato sulla mia pelle. Noi abbiamo una persona dedicata solo ed esclusivamente al settore Ricerca e Sviluppo e mettiamo in campo tutti gli strumenti possibili per agevolare l'attività dei *franchisee*, a partire dal supporto finanziario. L'ultimo accordo che abbiamo stipulato in questo senso è con Creaimpresa.

**Errori da cui imparare**
*Qual è stato l'errore più importante che avete commesso e che cosa avete imparato da quell'errore?*

Quando abbiamo lanciato La Yogurteria, siamo partiti con il piede giusto e la rete ha cominciato a crescere sempre più velocemente.

Forse troppo. Nel giro di quattro anni, dal 2010 al 2014, siamo passati da 200mila euro a 1 milione di fatturato.

Forti di questa nuova disponibilità finanziaria abbiamo deciso di investire in alcune aperture dirette, ma l'operazione non ha avuto il successo che speravamo. In sostanza, siamo stati male consigliati nella scelta di alcune *location*.

È stato questo inciampo a rappresentare il punto di svolta verso l'azienda così come è oggi. Quello è stato l'errore da cui ho imparato di più. Da quella esperienza siamo ripartiti con una consapevolezza importante: della propria impresa bisogna conoscere tutto.

Nella mia io ho svolto tutti i ruoli, dalla scelta delle materie prime fino alla gestione del magazzino. Questo mi permette oggi di sapere esattamente dove siamo, qual è la nostra direzione e di riporre la massima fiducia nei miei collaboratori: non c'è bisogno del controllo, lavoriamo per obiettivi.

**Sfide**
*Qual è stata la sfida che avete affrontato e come l'avete superata?*

Seguire una vocazione che non aveva precedenti nella mia famiglia di origine. Ho imparato tutto sul campo, anche a gestire la crescita di una azienda.

**Successo**
*Quale ritiene sia stato il suo successo più importante?*

La soddisfazione degli affiliati e in particolare vedere i *franchisee* che aprono più punti vendita con noi.

**Futuro**
*Quali sono gli obiettivi futuri?*

Abbiamo in programma diverse aperture con entrambi i *format* per il 2020. Il nostro obiettivo è potenziare sempre più entrambe le reti La

Yogurteria e Fry Chicken, facendo un'attenta selezione degli affiliati e una ricerca di *location* in posizioni strategiche.

# Capitolo 25
# Fit Express

La storia del progetto in *franchising* e del *brand* Fit Express, uno dei maggiori *franchisor* italiani nel settore del *fitness low cost*, è raccontata da Vincenzo Nocito, ideatore e fondatore del marchio. Oggi, la rete conta sul nostro territorio, circa quaranta centri *fitness* aperti, il 60 per cento a gestione diretta e il resto in *franchising*. All'estero il primo punto è a Tirana, in Albania, dove il progetto di espansione nei Balcani partirà agli inizi del 2021.

**Come nasce Fit Express**
*In che anno ha lanciato la sua attività aziendale e quando ha avviato il progetto in franchising?*

Sono partito con il lancio della mia attività nel 2009, con l'apertura del primo centro nella città di Milano, un test che ha riscosso molto successo, così nel 2011 siamo partiti con lo sviluppo del *franchising*. Abbiamo aperto le porte della nostra attività, abbiamo condiviso i segreti, le nostre capacità e il nostro *know-how*, con chi potesse essere interessato a svilupparla nel nostro Paese.

**L'idea**
*Come è nata l'idea?*

Io opero nel settore del *fitness* da circa trent'anni ma ancor prima provengo dal settore finanziario.

Mi sono proposto nel settore del *fitness* principalmente perché ho aiutato un'azienda americana a introdurre il proprio *brand* in Italia, aiutandola a sviluppare il *format* con un prodotto finanziario che permettesse la vendita delle attrezzature per il *fitness*.

Successivamente, alla stessa azienda serviva qualcuno con l'esperienza e le giuste *skills* per rientrare velocemente dell'investimento, e ho iniziato a lavorare come *credit manager*, girando per il mondo: Stati Uniti, Nord Europa, Centro Europa, Asia e Nord Africa. Questo percorso mi ha permesso di conoscere profondamente il mondo del *fitness*, di vedere le diverse realtà e di tastare con mano i cambiamenti causati dalla crisi. Nel 2008, in piena recessione, soprattutto nel settore immobiliare, si sono create, nonostante tutto, grandi opportunità per chi aveva la visione giusta. Basti pensare alla possibilità di acquisire degli immobili a basso costo, cosa impensabile prima di allora.

Ci tengo a sottolineare che l'idea del mio Fit Express è frutto di una contaminazione nata appunto girando il mondo.

I concetti di apertura "24 ore" e delle palestre "low cost" li ho importanti, rispettivamente, dagli Stati Uniti e dalla Germania, dove erano già presenti circa 1.200 centri *low cost*, per meno di una decina di marchi e una popolazione di circa ottanta milioni di abitanti.

Allora mi sono lanciato in questo ragionamento: in Italia il mercato era molto indietro, non c'erano proposte con nessuno di questi concetti, le strutture erano spesso obsolete e il bacino di utenza ammontava a sessanta milioni di abitanti. Ho dunque visto nel nostro mercato una nicchia che avrebbe potuto contenere almeno seicento strutture come la mia. Sono partito così nel 2009. Crisi immobiliare e crisi dei consumi, ho colto al balzo quella che per me era una grande opportunità.

**Strategie**
*Quali sono state le strategie e i segreti della crescita del format?*

Aiutare gli imprenditori, le persone che operano nel settore del *fitness* e gli immobiliaristi, proponendo loro una soluzione che permettesse di ricevere una rendita automatica, differenziazione dell'investimento oppure un lavoro.

Il nostro punto vincente è stato proprio questo: fornire una soluzione imprenditoriale che soddisfacesse bisogni e obiettivi.

**Errori da cui imparare**
*Qual è stato l'errore più importante che ha commesso e che cosa ha imparato da quell'errore?*

Non mi sento di poter dire di aver commesso errori fino a ora.

**Sfide**
*Qual è stata la sfida che ha affrontato e come l'ha superata?*

La sfida più grande è stata incidere sulla percezione che gli italiani avevano del *low cost*. In tantissimi associavano il concetto di *fitness* "low cost" e di apertura "24 ore" a quello di bassa qualità, con servizi proporzionati al prezzo proposto, per intenderci. Noi invece abbiamo lavorato tantissimo nell'ottica della qualità, io stesso mi sono impegnato nella continua ricerca di servizi di alto valore che potessero però essere proposti ai nostri clienti a costi accessibili. La sfida è stata soprattutto su questo fronte, ma l'abbiamo vinta.

**Successo**
*Quale ritiene sia stato il suo successo più importante?*

Il successo più importante per me è tutto nella felicità, nel sorriso, nella realizzazione dei sogni delle persone che con noi condividono questa attività.

**Futuro**
*Quali sono i suoi obiettivi futuri?*

Per il futuro siamo focalizzati soprattutto nell'apertura di almeno centocinquanta palestre in Italia a nostro marchio.

Subito dopo ci focalizzeremo nello sviluppo del mercato estero.

# Capitolo 26
## 101CAFFE'

 La storia del progetto in *franchising* e del *brand* 101CAFFE', una delle maggiori catene di negozi in *franchising* specializzata in caffè in tutte le sue forme, è raccontata da Umberto Gonnella, suo fondatore e CEO. Oggi la rete conta 95 punti vendita affiliati e 13 punti vendita diretti. Per quanto riguarda l'estero, dopo la prima apertura in ottobre 2017 a Signy, vicino Ginevra, il 2018 ha visto le aperture di Marrakech, Singapore e Kuwait City presso The Avenues, il secondo centro commerciale più grande nei Paesi del Golfo. Entro la fine del 2019 è prevista l'apertura a Yerevan e il secondo punto vendita sia a Singapore che a Marrakech, mentre Reunion, l'anno prossimo.

**Come nasce 101CAFFE'**
***In che anno ha lanciato la sua attività e quando ha avviato il progetto in franchising?***

Ho fondato 101CAFFE' nel 2010. Dopo l'avvio del primo negozio a gestione diretta per la sperimentazione del *concept* nel 2011 a Milano e l'apertura l'anno successivo del primo punto vendita in *franchising*, oggi i nostri negozi in Italia sono un centinaio. Ho voluto portare la qualità del caffè, di selezionate torrefazioni artigianali regionali, nelle case degli italiani e dei cittadini del mondo, per qualsiasi tipo di erogazione e per qualsiasi macchina da caffè, per ridare la maternità italiana all'espresso anche in cialde e capsule.

**L'idea**
*Come è nata l'idea?*

101CAFFE' nasce nel 2010 da una mia intuizione. In realtà la spinta decisiva è stata una conversazione con mia madre.

Da tempo osservavo e studiavo il mercato emergente del caffè porzionato a opera di *player* del settore. Quel *brand* svizzero si stava insediando in modo capillare nelle case degli italiani e non solo. Un giorno, mia madre, alla quale stavo raccontando di questo fenomeno globale, affermò che quello stesso *brand* era italiano, ne era proprio convinta.

Sono dovuto ricorrere al mio *smartphone* per dimostrarle, cercando l'informazione, che la multinazionale da cui era nata quella marca di caffè era, al contrario, svizzera. Non ho potuto fare a meno di riflettere su questo episodio.

La mia idea era ed è tutt'ora, quella di far conoscere la qualità del caffè di selezionate torrefazioni artigianali del nostro Paese. Territorialità, artigianalità, attenta selezione sono i valori che contraddistinguono il "Made in Italy", così come è conosciuto in tutto il mondo e che 101CAFFE' sposa in pieno nel suo fare impresa.

Il progetto è partito dalla volontà di ridare la maternità italiana all'espresso, in tutte le sue forme, anche in capsule per le macchine monoporzione più diffuse, in Italia e nel mondo.

Nell'arco di sette anni la catena è cresciuta in modo costante, consolidando così sempre di più il *concept* e la formula, che a oggi ha dato vita a una rete sempre più grande di punti vendita attivi e ben strutturati in Italia e all'estero. 101CAFFE' è la più grande e fornita catena di negozi in *franchising* specializzata in caffè, in tutte le sue forme. Offre miscele provenienti dalle migliori torrefazioni italiane artigianali e una vastissima gamma di bevande per le macchine da caffè più diffuse.

La nostra gamma di prodotti è costituita da circa 1400 referenze, di cui 800 a nostro marchio e nei nostri negozi il cliente trova tutto quello che è inerente a questo mondo, come macchine, accessori, prodotti per la pulizia delle macchine e prodotti complementari.

**Strategie**
*Quali sono state le strategie e i segreti della crescita del format?*

Il nostro *franchising* è la risposta a chi vuole intraprendere un'attività remunerativa in un settore molto forte anche in Italia. Le capsule hanno rilanciato l'oro nero in un mercato sempre più in crescita e con numeri davvero interessanti.
Noi abbiamo colto l'occasione e abbiamo investito in questo settore, creando un *network* unico nel suo genere e un'opportunità di *business*. Una scelta che premia, visto il grande successo non solo tra i consumatori ma anche per gli affiliati, che vedono i loro fatturati in costante crescita.
Perseguiamo un duplice obiettivo: crescere come gruppo e incrementare il fatturato dei singoli negozi. Dedichiamo il 90 per cento della nostra attività alla crescita e al successo di ogni singolo punto vendita affiliato.
I reparti dedicati alla formazione, alla ricerca e sviluppo, al *marketing* e alla comunicazione lavorano quotidianamente per garantire a tutta la rete gli strumenti fondamentali per chiudere ogni giornata lavorativa con il segno positivo.
Gli affiliati usufruiscono anche di un efficiente sistema di assistenza diretta in tutti gli ambiti dell'attività.

**Errori da cui imparare**
*Qual è stato l'errore più importante che ha commesso e che cosa ha imparato da quell'errore?*

Probabilmente l'errore più grande l'ho fatto all'inizio, quando ho sottovalutato l'importanza del *brand* e ho lasciato disegnare il marchio da un amico grafico. Nel giro di sei mesi (era il 2012) mi sono accorto che il *brand* è il punto fondamentale per dar vita a un *franchising* e ho rimediato affidandomi a professionisti della *brand identity*. Oggi, a distanza di 7 anni, guardando il mio marchio in Italia e nel mondo, mi rendo conto di quanto sia stato importante prestare la massima attenzione e cura a questo aspetto del mio *business*. Nel mio lavoro le soddisfazioni non mancano e le emozioni si alternano tra belle e meno belle: diventare grandi non è facile e i momenti critici fanno parte "del gioco". In qualsiasi tipo di professione, i problemi sono parte integrante del progetto, ma è il metodo con cui li si affronta a fare la differenza, ossia avere sempre voglia di crescere, con l'umiltà di voler imparare allo stesso tempo.

**Sfide**
*Qual è stata la sfida che ha affrontato e come l'ha superata?*

Soddisfazioni ne raccolgo tante quotidianamente, nonostante ci siano stati anche momenti di difficoltà, tipici di quando si inizia a diventare grandi. Mi ricordo che, alla nascita del progetto, io ero un "signor nessuno" nel mio settore, mentre oggi colossi come Nestlè, Lavazza, Illy e altri, con cui abbiamo ottimi rapporti, osservano con grande interesse il marchio 101CAFFE', considerandolo un punto di riferimento del mercato e si confrontano con noi su molti argomenti riguardanti le tendenze del nostro settore.

**Successo**
*Quale ritiene sia stato il suo successo più importante?*

Posso dire che l'essere osservati con molto interesse dai grandi marchi del settore è sicuramente motivo di successo e soddisfazione.
Le vittorie più grandi però arrivano dagli affiliati, intraprendenti e appassionati, che seguono con fiducia le nostre linee guida, dimostrando costante gratitudine, sempre reciproca, tanto che alcuni di loro, nel tempo, hanno aperto fino a cinque o sei punti vendita. Questi affiliati rappresentano per tutta la catena un ottimo metro di misura per i risultati raggiunti. Motivo di orgoglio e di successo deriva anche da tutta la squadra 101CAFFE', composta da persone molto impegnate ed entusiaste, che creano tanto valore intorno ai prodotti e al marchio. I nostri piani di sviluppo sono ambiziosi, ma il lavoro fatto in questi anni ci ha dimostrato e ci sta dimostrando che tutto quello che

avevamo ritenuto possibile come obiettivo, l'abbiamo raggiunto e in qualche caso anche superato.

**Futuro**
*Quali sono i suoi obiettivi futuri?*

In sette anni abbiamo aperto più di un centinaio di punti vendita, di cui quattro all'estero. L'obiettivo per il futuro è di espandere la rete in modo capillare sia in Italia che nel mondo. Vogliamo portare il caffè italiano artigianale di altissima qualità nel mondo, facendo conoscere l'alternativa ai marchi più noti.

# Capitolo 27
# Negozio Leggero

La storia del progetto in *franchising* e del *brand* Negozio Leggero, uno dei maggiori *network* italiani nel settore della vendita di prodotti sfusi o con vuoto a rendere, quindi *zerowaste*, è raccontata da Simone Piazza, Lidia Signori, Massimo Soncin, Cinzia Vaccaneo e Dario Vaccaneo, ideatori e fondatori del marchio.

Oggi la rete conta tredici punti vendita in Italia, di cui cinque a gestione diretta e otto in *franchising*. I negozi si trovano a Torino, Milano, Roma, Palermo, Moncalieri, Asti, Bergamo, Bormio e Morbegno. All'estero invece, le aperture sono due: nel 2015 a Lugano, in Svizzera, e nel 2018 in Francia, a Parigi. Inoltre è stato recentemente lanciato lo *shop* on line che permette a tutti di fare una spesa *zerowaste* e *plastic free* anche dove non è presente un negozio fisico.

**Come nasce Negozio Leggero**
***In che anno avete lanciato la vostra attività aziendale e quando avete avviato il progetto in franchising?***

Il primo Negozio Leggero - la catena italiana dove tutti i prodotti sono venduti sfusi o con il vuoto a rendere - nasce a Torino nel 2009 e l'attività di *franchising* è stata lanciata un anno dopo aver gestito con cura il primo negozio pilota.

Abbiamo scelto la formula del *franchising* perché volevamo far arrivare il progetto in territori diversi e volevamo condividerlo con persone che avessero i nostri stessi obiettivi, un certo modo di fare impresa e la volontà di contribuire alla rivoluzione *zerowaste*.

**L'idea**
*Come è nata l'idea?*

Siamo cinque soci che da oltre dieci anni lavorano nell'ambito della riduzione dei rifiuti alla fonte.

Dopo aver realizzato diversi percorsi con Ecologos - il nostro ente di ricerca ambientale - per istituzioni e aziende, abbiamo deciso di lavorare direttamente con i cittadini e creare un luogo che rendesse semplice e alla portata di tutti la scelta di vita *zerowaste*.

Ecologos monitora costantemente quanto incide a livello ambientale la mancata produzione di imballaggi dei prodotti che vendiamo: abbiamo calcolato, ad esempio, che una famiglia di quattro persone che fa la spesa abitualmente presso Negozio Leggero arriva a risparmiare in un anno oltre 200 Kg di rifiuti.

Nel nostro negozio si fa la spesa alla spina, tutti i prodotti sono sfusi o con il vuoto a rendere, ma il punto vendita è anche un luogo di informazione, condivisione e incontro, grazie ai tanti eventi e *workshop* che vengono organizzati.

**Strategie**
*Quali sono state le strategie e i segreti della crescita del format?*

Da una parte aver deciso di mettere il nostro ente di ricerca Ecologos alla base del *format*, dall'altra lo studio e l'implementazione quotidiana del *format* stesso; due aspetti che ci hanno permesso di creare un modello imprenditoriale in continua crescita.

Ecologos porta avanti un lavoro complesso di ricerca dei prodotti, valutandone non solo la qualità, ma anche controllandone la filiera e la sostenibilità, dalla produzione allo smaltimento.

A questo si aggiunge un'accurata formazione del nostro personale e degli affiliati, che permette ai nostri clienti di portarsi a casa non solo un determinato prodotto, ma tutto quello che c'è dietro.

Un modo efficace di coniugare cultura e imprenditoria.

**Errori da cui imparare**
*Qual è stato l'errore più importante che avete commesso e che cosa avete imparato da quell'errore?*

Fortunatamente non abbiamo registrato errori, forse perché abbiamo scelto di procedere alla giusta velocità. Questo ci ha permesso di seguire con attenzione i nostri affiliati ed evitare errori in un settore che all'epoca era innovativo.

**Sfide**
*Qual è stata la sfida che avete affrontato e come l'avete superata?*

La sfida più grande è stata quella iniziale: creare un *format* su un tema completamente nuovo in cui nessuno prima - a livello internazionale - si era ancora cimentato. Abbiamo raggiunto l'obiettivo grazie a un attento studio delle reali esigenze dei cittadini, creando un progetto che andasse a soddisfare bisogni reali e non a creare bisogni indotti.

**Successo**
*Quale ritenete sia stato il vostro successo più importante?*

Ci sono diversi aspetti che in questi anni di attività ci hanno reso felici e orgogliosi del lavoro che stiamo portando avanti: da una parte l'aver creato un modello di *franchising* sul tema *zerowaste* con dieci anni di anticipo rispetto al mercato, dall'altra aver incontrato affiliati appassionati con cui condividere non solo un modello di *business*, ma degli ideali. Per noi è poi un grande traguardo essere riusciti ad aggregare intorno a questo tema così tante persone che hanno scoperto un nuovo modo di fare la spesa e che quotidianamente ci seguono sui nostri canali di comunicazione. Il loro sostegno ci stimola a migliorare e a rendere la nostra presenza sui territori più capillare.
Anche il supporto del Comune di Parigi nell'apertura del nostro punto vendita lì è un grande successo, a dimostrazione del fatto che c'è sempre più interesse a valorizzare attività commerciali attente alla riduzione di imballaggi e rifiuti da parte delle istituzioni. E infine?

Come non essere grati della grande attenzione mediatica e dei riconoscimenti al progetto che abbiamo ricevuto da parte dell'opinione pubblica in tanti anni di lavoro.

## Futuro
### *Quali sono i vostri obiettivi futuri?*

Il lavoro di Ecologos non si ferma mai: la ricerca di prodotti sfusi o con il vuoto a rendere è continua e contiamo di incrementarla per andare incontro ai bisogni dei nostri clienti, proponendo anche prodotti di carattere innovativo. Abbiamo intenzione di allargare il nostro mercato: manterremo il baricentro in Italia, ma il desiderio è quello di incrementare la nostra presenza all'estero.

# Capitolo 28
# Ecoline Wash

La storia del progetto in *franchising* e del *brand* Ecoline Wash, uno dei maggiori *network* italiani nel settore del lavaggio auto a domicilio e dei servizi di sanificazione a vapore, è raccontata da Michele Manara, *franchisor* e fondatore del marchio.

Oggi la rete conta, nel nostro Paese, oltre cento punti affiliati localizzati capillarmente in Italia e in quindici Paesi esteri.

Oltreconfine la rete è presente in Austria, Svizzera, Romania, Germania, Francia, Spagna, Portogallo, Regno Unito, Egitto, Emirati Arabi, Qatar, Antille Francesi, Ecuador e Peru. In alcuni Paesi è presente un Master Franchisee Ecoline Wash.

**Come nasce Ecoline Wash**
***In che anno ha lanciato la sua attività aziendale e quando ha avviato il progetto in franchising?***

Ecoline Wash nasce nel 2011 a Parma con il primo furgone interamente allestito per lo svolgimento di servizi di sanificazione a vapore e lavaggio auto a domicilio.

Un'assoluta novità sia nella mia città sia nel resto di Italia. Ancora oggi Parma rappresenta il nostro *quartier* generale dal quale partono i furgoni e dove vengono formati i nuovi affiliati.

Lorenzo, il nostro primo affiliato, ha creduto sin da subito nel progetto e ne ha visto le potenzialità.

Oggi ha due furgoni, due dipendenti e una richiesta costante di servizi.

La nostra formula è costituita per la maggior parte di punti mobili per il lavaggio auto a domicilio, che è il nostro valore aggiunto, ma sono previste anche le formule *Point* e *Corner,* per chi ha già un locale da adibire ad autolavaggio fisso o un'attività avviata nel settore.

**L'idea**
*Come è nata l'idea?*

All'interno dell'azienda di famiglia produttrice di generatori di vapore industriali, ho maturato una lunga esperienza in ambito tecnico e supporto clienti.
Ho così elaborato un prototipo di macchina a vapore inserito all'interno di un furgone per poter lavare auto a domicilio, permettendo al cliente, sia a casa o in ufficio, di risparmiare tempo.
Inoltre i vantaggi dell'uso del vapore erano e sono tutt'ora immediati: risparmio di acqua, nessun rilascio di residui inquinanti, risultati in termini di pulizia all'esterno e all'interno dei veicoli impeccabili.
Ciò si unisce all'ulteriore vantaggio di poter lavorare su qualsiasi veicolo, che si traduce in varietà di tipologia clienti: dai privati, ai concessionari, alle officine, alle aziende, alle strutture sanitarie, agli hotel, ecc.
Nel 2011 il progetto è stato tradotto in formula *franchising,* adatta a varie tipologie di potenziali affiliati e clienti.

**Strategie**
*Quali sono state le strategie e i segreti della crescita del format?*

Alla base del nostro *format franchising* vi è il costante sguardo rivolto alle esigenze dei clienti e del mercato. Oggi tutto è veloce, on line, a portata di click e con una sensibilità maggiore verso le tematiche ambientali.
Abbiamo strutturato il *concept* Ecoline Wash partendo dai bisogni del cliente e analizzando le modalità di fruizione dei servizi che tutt'ora sviluppiamo così, con strumenti all'avanguardia, quali: il sito web, la App e il Numero Verde.

Ampliamo continuamente la gamma di servizi che nell'ultimo anno si è aperta anche alla casa, abbracciando un settore con alto potenziale.

Mettiamo la stessa cura anche nella gestione degli affiliati con molteplici servizi di gestione informatizzati.

In quanto fondatore e titolare del marchio sono in diretto contatto con i miei affiliati per fornire loro un supporto sempre costante.

Per la crescita della rete partecipiamo periodicamente a fiere del settore *franchising* e *automotive*, siamo presenti su testate giornalistiche nazionali e sviluppiamo accordi quadro con *corporate* presenti sul territorio.

**Errori da cui imparare**
*Qual è stato l'errore più importante che ha commesso e che cosa ha imparato da quell'errore?*

Un'importante lezione imparata in questi anni di sviluppo *franchising* è sicuramente l'importanza di strutturare una fase di *recruiting* seria. Inizialmente si guarda poco alla qualità del potenziale affiliato che si ha davanti, qualità intesa come capacità commerciale e istinto imprenditoriale e non come capacità di investimento.

Purtroppo solo con il tempo ci si rende conto di quanto la stoffa imprenditoriale del potenziale affiliato renda il lavoro e l'impegno del *franchisor* più agevole.

Quindi, abbiamo acquisito una maggiore attenzione nella scelta del nostro *target*, con eventi dedicati al *recruiting*.

L'incontro diretto è poi fondamentale per conoscere meglio il candidato, porre domande mirate mi permette di capire se chi ho davanti può diventare un affiliato con il quale percorrere anni di collaborazione.

**Sfide**
*Qual è stata la sfida che ha affrontato e come l'ha superata?*

Le sfide sono costanti e permettono di migliorare e andare avanti con maggiore esperienza.

La creazione stessa del nostro progetto *franchising* è di per sé una grande sfida con grandi responsabilità; convincere un potenziale affiliato a investire in quella che sarà la sua attività imprenditoriale per i successivi anni è una sfida interessante che colgo sempre con enorme entusiasmo.

Aver raggiunto decine di città italiane e, a oggi, quindici Paesi esteri è stata una sfida enorme, che ci richiede un costante sforzo nella risoluzione di piccole problematiche commerciali, comunicative e tecniche.

L'ultima grande sfida è stata raggiungere gli Emirati Arabi con il nuovo *master franchisee* a Dubai.

Conquistare la fiducia di un investitore straniero non è mai semplice e soprattutto in questo caso è stato complesso, ma infine abbiamo raggiunto l'obiettivo con successo.

**Successo**
***Quale ritiene sia stato il suo successo più importante?***

Sicuramente aver festeggiato il nono *meeting* annuale con decine di affiliati provenienti da varie province d'Italia seduti accanto ai propri colleghi *master franchisee* di vari Paesi stranieri in una sala della *Dallara Academy*, è stata una grande emozione.

Avere portato tante persone differenti con esperienze professionali e realtà sociali diverse a credere e aver fiducia nel progetto Ecoline Wash, con il suo potenziale di sviluppo, e festeggiare insieme gli obiettivi raggiunti e condividere i progetti futuri, non ha prezzo.

Aggiungo anche la soddisfazione di aver creato un *format* che inizialmente molti snobbavano e criticavano, ma che oggi, a undici anni dalla sua nascita continua a difendersi, a crescere e a raggiungere nuovi Paesi.

Risultato di un lavoro di squadra quotidiano, svolto in gran parte anche dal mio *staff* che ha sempre creduto nel valore aggiunto del progetto, sostiene le mie idee e le porta avanti in nome della crescita di tutta la rete.

**Futuro**
*Quali sono i suoi obiettivi futuri?*

Nuove città e Paesi da raggiungere, in cui aprire nuovi punti e rendere Ecoline Wash sempre più capillare e visibile, a vantaggio di tutta la rete. A ciò si aggiunge la creazione e l'implementazione di nuovi strumenti sempre più all'avanguardia per i clienti e gli affiliati. Siamo alla costante ricerca di nuovi canali per la sponsorizzazione del marchio e di accordi commerciali di rilievo nazionale.
Il lavoro e l'impegno quotidiano profuso ci attestano che abbiamo tanto ancora da migliorare e da fare, ma che siamo sulla strada giusta.

# Capitolo 29
# Giappo

La storia del progetto in *franchising* e del *brand* Giappo, *network* italiano nel settore della ristorazione giapponese, è raccontata da Enrico Schettino, ideatore e fondatore del marchio. Oggi la rete conta, nel nostro Paese, 15 ristoranti, di cui 3 a gestione diretta e 12 in affiliazione con la formula in *franchising*. Il mercato estero, invece, è ancora in fase di valutazione.

**Come nasce Giappo**
***In che anno ha lanciato la sua attività aziendale e quando ha avviato il progetto in franchising?***

Il primo ristorante Giappo è nato a Napoli, nel 2008, da qui tre anni dopo ho deciso di sviluppare il progetto in *franchising* che mi sembrava già, allora, il modo più efficiente per fare crescere la rete e rafforzare il marchio in poco tempo. Il *franchising* dà la possibilità infatti, di trasferire il proprio *know-how*, la propria *vision* e il proprio *concept* in maniera performante.

**L'idea**
*Come è nata l'idea?*

Sono avvocato e all'epoca della nascita di Giappo studiavo per un concorso notarile. Viaggiavo molto. Facevo anche il dj nel tempo libero. Lavoravo per la Valtur e diventai anche formatore nazionale.

Un giorno però, il mio concorso notarile venne annullato per brogli della commissione. Un grande scandalo. Fu allora che pensai: «Cambio vita»!

Decisi di voler aprire qualcosa che mi piacesse, che avevo visto in giro per il mondo ma che in Italia mancava: un ristorante giapponese, un *sushi bar* per tutti. Un cibo sano ma allo stesso tempo buono. Un luogo per un pranzo veloce o per una cena diversa. Un locale elegante, ma familiare. Uno stile riconoscibile tra i menù, i colori e gli arredi.

Cominciai a lavorarci da subito. Non avevo fondi, né mezzi. Non avevo le conoscenze tecniche. Non avevo l'appoggio dei miei: per loro avrei dovuto seguire le orme di famiglia. Allora decisi di affiancarmi a chi di questo mestiere era *leader* a livello internazionale: un socio della catena Rossopomodoro.

Furono loro a chiamare il *brand* Giappo: mai nome fu più adatto. Da loro ho acquisito la metodologia, ma il *know-how* sulla ristorazione giapponese non l'avevano.

Rilevai tutto, mi affiancai a una *chef* di origini romane, che lavorava da vent'anni anni nel settore giapponese.

Sono andato in Giappone. Mi sono rimboccato le maniche e ho nuovamente studiato tanto, più del concorso notarile. Questa volta, però, sapevo che nessuno, solo il libero mercato sarebbe stato l'unico vero giudice della mia attività.

Da quel giorno sono passati dieci anni. E le mie idee le ho fermate non solo in un progetto, ma in uno stile di vita. Un cambiamento che è diventato una filosofia, incentrata sul mangiar bene e sano.

Facendo un passo indietro, il primo Giappo misurava 40 metri quadri, in una traversina del centro di Napoli. Così piccolo da essere ribattezzato dai miei amici "Giappino".

"Giappino" poi, è cresciuto!

**Strategie**
*Quali sono state le strategie e i segreti della crescita del format?*

Giappo è una fusione tra creatività napoletana, culture e filosofie lontane, innovazione e modernità. La strategia alla base è semplice ma vincente: una formula armonica tra buon cibo, *design* elegante, rapidità del servizio, materia prima semplice e di ottima qualità fornita a un prezzo concorrenziale. Inoltre, un menù riconoscibile e una formazione interna con i migliori professionisti nazionali e internazionali.

**Errori da cui imparare**
*Qual è stato l'errore più importante che ha commesso e che cosa ha imparato da quell'errore?*

Soprattutto all'inizio, rilasciare il marchio in concessione a chi non ne capiva il valore.

**Sfide**
*Qual è stata la sfida che ha affrontato e come l'ha superata?*

La sfida iniziale è stata proprio avvicinare i campani al sushi. Riuscire a esportare il concetto che il sushi è un alimento sano, con una lunga e antica tradizione, ricco di valori nutrizionali oltre che una valida alternativa alla dieta mediterranea. Abbiamo incontrato non poche reticenze anche con la formula del *take away*, superate egregiamente con un po' di pazienza, fino a farla diventare uno dei nostri punti di forza. La seconda sfida è stata riuscire a essere accreditato dalla *Gambero Rosso Academy* con "Città del Gusto", per creare una scuola professionale di rilievo nazionale.

**Successo**
*Quale ritiene sia stato il suo successo più importante?*

Aprire in un aeroporto come quello di Napoli, dove tutti erano restii anche solo a pensare che un'attività sushi potesse interessare a campani e stranieri, nella patria della pizza e della pasta. Invece Giappo è stato compreso a tal punto da venire premiato come *Best Retailer Food* per 2 anni consecutivi, nel 2017 e nel 2018.

**Futuro**
*Quali sono i suoi obiettivi futuri?*

Investire sempre più in formazione, innovazione e qualità. Ho appena lanciato un nuovo *format*: Giappoke. L'*hawaiian sushi* è una evoluzione, che mi entusiasma ed è in linea con la tendenza futura, che per me è già il presente.

# Capitolo 30
## No+vello

La storia del progetto in *franchising* e del *brand* No+vello, uno dei maggiori *network* nel settore dell'epilazione e dell'estetica, è raccontata da Antonello Marrocco, presidente e amministratore delegato del marchio in Italia. La rete conta sul nostro territorio 179 centri, di cui quattro diretti e il resto in affiliazione. All'estero invece, il *brand* è presente in dodici Paesi, tra Spagna, Romania, Regno Unito, Repubblica Ceca, Slovenia, Croazia, Montenegro, Bosnia Erzegovina, Bulgaria, Portogallo e Brasile, per un totale di più di mille centri.

**Come nasce No+vello**
*In che anno è stata lanciata l'attività aziendale e quando è stato avviato il progetto in franchising? Quando invece ha acquisito la licenza del marchio in Italia?*

Il *format* No+vello è stato lanciato in Spagna a fine 2008, nell'anno 2009 incontro la proprietà e dopo una trattativa durata quasi un anno raggiungiamo l'accordo per importare il *brand* in Italia e lanciare lo sviluppo nel nostro Bel Paese. Ho presentato il marchio No+vello in Italia ad ottobre 2010 e aperto il primo centro a gennaio 2011.

**L'idea**
*Come è nata l'idea?*

Proprio nel 2009 ero alla ricerca di una nuova idea da lanciare sul mercato italiano, con la quale partire da zero o comunque da importare. Dopo un'attenta e lunga analisi e dopo aver valutato diversi settori e marchi, ho avuto modo di conoscere il *format* No+vello alla fiera di Valencia del 2009.

A questo punto ho iniziato ad analizzare nel dettaglio i lati positivi e negativi del *format* e dopo aver avuto le conferme che cercavo, ho deciso subito di agire e andare avanti con la trattativa.

## Strategie
***Quali sono state le strategie e i segreti della crescita del format?***

No+vello è stato un *format* che ha "scosso" il settore dell'estetica. La strategia che ci ha portato al successo è stata individuare una nicchia di mercato con alta potenzialità, con alta domanda ma con un'offerta poco chiara.

Ci siamo subito posizionati come specialisti nel settore dell'epilazione e siamo sbarcati sul mercato con una nuova formula "a tariffa unica" per zona, cosa che al tempo nessuno utilizzava, e quindi una chiarezza sui prezzi e soprattutto senza vincolo di pacchetti per i clienti.

Inoltre, siamo stati gli unici a offrire un trattamento personalizzato, quando un cliente viene da noi vive un'esperienza individuale. Questi fattori fondamentali, uniti ad altri, quali la giusta formazione e la professionalità delle persone che lavorano nei nostri centri, hanno fatto sì che il *format* crescesse velocemente.

## Errori da cui imparare
***Qual è stato l'errore più importante che ha commesso e che cosa ha imparato da quell'errore?***

In particolare, due errori, quello iniziale di far entrare nella rete chiunque senza una selezione accurata e l'altro, scegliere i fornitori sbagliati.

Questo mi ha fatto perdere denaro ma soprattutto tempo. Purtroppo, errori del genere rallentano lo sviluppo e portano a spostare le scadenze in avanti, il mio detto è: «I soldi si recuperano, il tempo no», proprio per questo odio sprecarlo. A oggi faccio un'analisi più dettagliata dei fornitori, degli affiliati e dei collaboratori in generale. Ho imparato che bisogna studiare bene le persone con le quali iniziare rapporti di collaborazione, diciamo che bisogna prima fidanzarsi e poi sposarsi.

**Sfide**
*Qual è stata la sfida che ha affrontato e come l'ha superata?*

Posso affermare che ogni giorno affronto una sfida diversa, sia nel campo del *business* che in quello personale.

Per quanto riguarda la prima, era mio obiettivo portare il *brand* a essere il primo in Italia e quindi il punto di riferimento per l'epilazione, questo è accaduto e siamo sempre "sul pezzo" per crescere ulteriormente.

A livello personale, sono un *mountain runner*, cioè pratico corsa in montagna. Anche in questo campo cerco sempre di superare i miei limiti aumentando le distanze. Sono partito dal correre cinque chilometri per arrivare, dopo poco più di un anno, a correre distanze di quarantatré chilometri con dislivelli di oltre tremila metri e non finisce qui.

**Successo**
*Quale ritiene sia stato il suo successo più importante?*

Il successo più importante: aver portato tante persone a migliorare il proprio stile di vita, tutti gli affiliati sono alla ricerca di qualcosa che dia loro più tempo libero e più guadagno e chi segue le nostre indicazioni ottiene questo. Altro traguardo importante è: dare lavoro a più di cinquecento persone, grazie alla nostra rete.

**Futuro**
*Quali sono i suoi obiettivi futuri?*

Continuare con lo sviluppo per coprire in maniera capillare tutto il territorio italiano per arrivare a 250 centri aperti. C'è ancora tanto spazio e molte potenzialità in quanto molte persone utilizzano ancora metodi tradizionali per depilarsi.

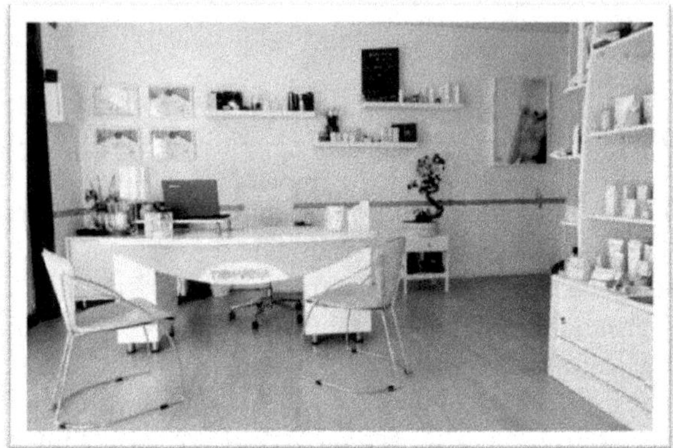

# Capitolo 31
## Kids&Us

 La storia del progetto in *franchising* e del *brand* Kids&Us, uno dei maggiori *network* nel settore dell'insegnamento della lingua inglese per bambini e ragazzi da uno a diciotto anni, è raccontata da Natàlia Perarnau, creatrice, fondatrice e direttrice pedagogica del marchio. La rete è presente in Italia con 23 scuole, a Roma, Milano, Lecce, Brindisi, Cremona, Ascoli Piceno, in Franciacorta, Latina, Frosinone e Cagliari. Nel mondo conta 486 scuole in nove Paesi tra Europa, America, Asia e Africa, di cui 408 solo in Spagna.

**Come nasce Kids&Us**
***In che anno ha lanciato la sua attività aziendale e quando ha avviato il progetto in franchising?***

Il *format* è nato nel 2003. L'attività in *franchising* è iniziata nel 2008 e nel 2011 abbiamo avviato l'espansione internazionale.

**L'idea**
***Come è nata l'idea?***

Quando dirigevo la mia scuola di inglese per ragazzi a Manresa (Barcellona), mi sono resa conto che con il metodo tradizionale i miei studenti non riuscivano a raggiungere una perfetta padronanza della lingua, anche dopo diversi anni di studio. Proprio in quel periodo è nata mia figlia Laia e ho iniziato a parlarle in inglese per una decina di minuti al giorno. Con mia grande sorpresa, dopo pochi anni mi sono accorta che Laia era in grado di capirmi e di costruire semplici strutture grammaticali in inglese. Questa particolare esperienza e il mio interesse per gli studi sull'apprendimento precoce, mi hanno portato a sviluppare un metodo innovativo e specifici programmi didattici destinati a studenti più giovani rispetto a quelli che, fino a quel momento, avevano frequentato la mia scuola. Ho quindi deciso di iniziare ad applicare il metodo con i miei alunni valutandone di persona i risultati. E proprio così nel 2003 è nata Kids&Us.

Successivamente, nel 2005, insieme a mio marito Quim Serracanta, ho dato inizio all'espansione di Kids&Us attraverso le licenze e due anni dopo sono nate le prime scuole in *franchising*. Nel nostro caso il modello del *franchising* era l'unico in grado di rendere il metodo scalabile e replicabile per aiutare il maggior numero possibile di bambini, senza compromettere il livello qualitativo del *format*.

**Strategie**
*Quali sono state le strategie e i segreti della crescita del format?*

L'internazionalizzazione sicuramente. Nel 2011, grazie all'entusiasmo, la passione e lo spirito imprenditoriale di Claudia Torrisi, abbiamo aperto la prima scuola Kids&Us, fuori dalla Spagna. E così il nostro processo di espansione internazionale è iniziato proprio dall'Italia.

L'innovativo metodo Kids&Us, che offre un'esperienza di apprendimento in inglese a 360 gradi, è il nostro tratto distintivo, unito a un *know-how* maturato in oltre 15 anni di storia, condiviso anche con i nostri affiliati, che ci ha permesso di creare un *business* solido e un *team* di talento.

**Errori da cui imparare**
*Qual è stato l'errore più importante che ha commesso e che cosa ha imparato da quell'errore?*

Aver creduto che una buona struttura, nel quartiere generale situato nella nostra città di origine, fosse sufficiente per dare una copertura adeguata a tutti i Paesi in cui eravamo presenti. L'esperienza ci ha dimostrato che, per quanto si possa essere organizzati e aggiornati, è indispensabile avere il contributo diretto di qualcuno *in loco* che conosca bene lo specifico Paese e riesca a gestire nel migliore dei modi scuole e affiliati.

**Sfide**
*Qual è stata la sfida che ha affrontato e come l'ha superata?*

All'inizio del periodo di recessione che ha colpito la Spagna, stavo per vendere alcuni locali per finanziare una scuola Kids&Us, più adeguata e capiente, proprio nella mia città. Questo centro sarebbe dovuto diventare la nostra "flagship school". A causa della crisi immobiliare il possibile compratore si tirò indietro, dopo che io avevo già acquistato il nuovo locale ed effettuato i lavori. Questo accadde a giugno, proprio all'inizio del lungo periodo estivo in cui la mia attività si interrompeva del tutto, così come le mie entrate. Inoltre, mio marito aveva lasciato il precedente lavoro per entrare a far parte del progetto. Da un giorno all'altro mi ritrovai a dover pagare mezzo milione di euro che, naturalmente, non avevo. Ipotecai nuovamente la casa e mi adoperai per inventare attività alternative in grado di garantirmi nuove entrate e consentirmi di pagare i miei debiti. Da questa necessità sono poi nati i centri estivi Kids&Us.

**Successo**
*Quale ritiene sia stato il suo successo più importante?*

La soddisfazione dei genitori e dei *franchisee* che si basa sul nostro innovativo metodo pedagogico, "Natural English", che ha rivoluzionato l'apprendimento della lingua. Il metodo è una garanzia di qualità per la formazione ed è stato fondamentale per lo sviluppo del nostro *network* nel mondo. Come *franchisor*, inoltre, abbiamo sempre ben presente che molti imprenditori hanno investito il loro denaro e riposto la loro fiducia nel nostro progetto. Per questo, le nostre scelte e i nostri comportamenti sono guidati da un forte senso di responsabilità e dalla massima attenzione a garantire la realizzazione del nostro patto.

**Futuro**
*Quali sono i suoi obiettivi futuri?*

A livello professionale puntiamo a consolidare la nostra presenza nei mercati in cui siamo già presenti e, soprattutto, in Italia. Il nostro obiettivo è diventare il principale punto di riferimento - anche nel vostro Paese - nel campo dell'insegnamento dell'inglese rivolto a bambini a partire da 1 anno di età e che sia la scelta naturale per tutti i genitori che desiderano che i propri figli imparino una lingua straniera. Per riuscirci è necessario ampliare l'attuale rete di scuole. Mi riempirebbe di orgoglio riuscire a ottenere anche in Italia lo stesso successo che abbiamo avuto in Spagna.
Per raggiungere questo obiettivo stiamo lavorando per trovare persone intraprendenti, con una grande passione per il mondo dell'educazione e dei bambini, che desiderino entrare a far parte di un progetto solido e in continua crescita, come quello di Kids&Us.
Per noi è fondamentale instaurare un rapporto di profonda fiducia a lungo termine con tutti gli affiliati Kids&Us e che un rapporto di questo tipo si crei anche tra gli affiliati stessi.

# Capitolo 32
## ProgettoAssistenza™

La storia del progetto in *franchising* e del *brand* ProgettoAssistenza™, uno dei maggiori *network* italiani nel settore dell'assistenza sanitaria domiciliare, è raccontata da Giorgio Matteucci, fondatore e vice presidente del marchio. Oggi la rete conta, nel nostro Paese, novantaquattro punti, di cui due a gestione diretta e gli altri con la formula di affiliazione. Per quanto concerne l'estero, il mercato è ancora in fase di valutazione.

**Come nasce ProgettoAssistenza™**
*In che anno ha lanciato la sua attività aziendale e quando ha avviato il progetto in franchising?*

La mia attività aziendale l'ho lanciata nel 1996. Il progetto in *franchising* il 18 ottobre del 2011.

**L'idea**
*Come è nata l'idea?*

Scegliere la propria professione significa decidere in che modo impegnare gran parte del proprio tempo e della propria esistenza e quando il lavoro coincide con una passione o con una vocazione l'essere umano raggiunge il massimo livello di gratificazione. Sono queste le fondamenta della scelta che ha mosso me, Anna Laura Galati e Roberto Terreni, fondatori dell'idea imprenditoriale, verso la missione di aiutare il prossimo attraverso un *business* etico e intelligente.

**Strategie**
*Quali sono state le strategie e i segreti della crescita del format?*

Il nostro progetto è nato nel 2011 e oggi è sempre più in grande espansione. La nostra passione lavorativa e la dedizione alla cura della persona si uniscono a profonde conoscenze di *marketing* e tecniche di vendita. Siamo l'unica realtà a possedere la certificazione di qualità.
Un marchio che ha fatto dell'etica sociale, accompagnata da un modello di *business* consolidato, un punto di forza dalle positive ricadute sugli affiliati. Il nostro *format* fornisce all'affiliato molteplici caratteristiche alternative per un *business* innovativo ed esclusivo. Crediamo nell'innovazione a supporto di un miglioramento nei servizi, delle prestazioni e della redditività.
Abbiamo realizzato una piattaforma che prevede un *set* di applicazioni *mobile*, sfruttando le migliori opportunità della tecnologia moderna. Abbiamo realizzato un protocollo d'intesa commerciale per agevolare l'accesso al credito, che consente di entrare a far parte del *network* con un finanziamento agevolato.

**Errori da cui imparare**
*Qual è stato l'errore più importante che ha commesso e che cosa ha imparato da quell'errore?*

L'errore più grande che ho commesso in fase iniziale è stato dare libertà e fiducia eccessiva all'affiliato. È necessario inserire regole più costrittive per quest'ultimo che deve rispettare quanto impartito e quanto debitamente concordato in seno all'affiliazione, per evitare anche il potenziale rischio di un fallimento dell'attività imprenditoriale.

**Sfide**
*Qual è stata la sfida che ha affrontato e come l'ha superata?*

Al fine di garantire una maggiore offerta di servizi e, conseguentemente, una potenziale nuova redditività per gli associati, l'innovazione tecnologica gioca un ruolo chiave nella definizione del posizionamento strategico del nostro ProgettoAssistenza™ per gli anni a venire.

A seguito di un'attenta analisi, riteniamo che il mercato dell'assistenza domiciliare sia oggi maturo per l'erogazione di servizi socio-sanitari quali il tele monitoraggio di parametri vitali, a beneficio di pazienti affetti da patologie di diversa natura, con particolare riferimento alla cronicità e allo stato senile.

In questa ottica, ci siamo mossi con un'intensa opera di *scouting* delle soluzioni e autoanalisi esistenti sul mercato, e questo garantirà che l'innovazione che ci apprestiamo a introdurre nell'offerta di servizi non abbia alcun impatto critico sulla gestione dell'operatività quotidiana, ma diventi invece un'interessante opportunità di *business* per ciascun associato.

Piloteremo l'intero processo attraverso una gestione diretta del *framework* di acquisizione e gestione dei dati e una progressiva integrazione di nuove funzionalità nell'ambiente gestionale costruito negli anni, anche grazie al supporto ricevuto da ciascun affiliato.

**Successo**
*Quale ritiene sia stato il suo successo più importante?*

Il mio successo più grande ritengo sia stato l'aver costruito e consolidato una rete di affiliati in tempi relativamente brevi.

Etica, metodo, innovazione sono i principi che determinano il successo di ProgettoAssistenza™. L'azienda offre un modello di *business* collaudato che permette agli imprenditori di entrare in un settore in forte crescita. Realizzare un modello di qualità significa gestire consapevolmente l'efficacia e l'efficienza dei processi produttivi attraverso la conoscenza, la gestione e il monitoraggio.

**Futuro**
*Quali sono i suoi obiettivi futuri?*

Il mondo intorno a noi è in continua evoluzione e per continuare a crescere dobbiamo capire le tendenze che determineranno il nostro futuro. Dobbiamo prepararci oggi per affrontare le necessità del domani anticipando i bisogni ed essere veloci nel realizzare le risposte, in un mercato più maturo fatto da clienti sempre più esigenti. L'assistenza domiciliare è una grande opportunità imprenditoriale e noi puntiamo a essere sempre più un punto di riferimento sul territorio nazionale. Offrire un supporto qualificato, durevole ed efficiente è quindi un obiettivo necessario a restituire la dignità all'anziano e al malato e serenità alla sua famiglia, rassicurata dalla certezza di affidare chi ama nelle mani di professionisti.

# Capitolo 33
# Subway®

A raccontare l'ingresso di Subway® nel nostro Paese è Christian Tuercke, responsabile dello sviluppo in *franchising* del marchio per il Triveneto e una parte della Lombardia, già titolare di cinque negozi di Subway in Germania. Originario degli Stati Uniti, il *network* di locali dove si possono consumare *sandwich* e insalate preparati al momento con ingredienti scelti dal cliente, è nato nel 1965 e conta oltre 42.500 ristoranti in 110 Paesi e dodici locali in Italia.

**Come nasce Subway®**
*In che anno ha preso il via l'attività e quando è partito il progetto in franchising? E quando lei è entrato a far parte della rete?*

Subway® è stata fondata nel 1965 negli Stati Uniti da Fred De Luca, uno studente che con le entrate del suo primo locale voleva finanziarsi il college. Nel 1974, insieme al socio Peter Buck, possedeva e gestiva sedici negozi di *sandwich* in tutto il Connecticut.
Quando si resero conto che non avrebbero raggiunto il loro obiettivo di 32 negozi in tempo, diedero vita al *franchising*, lanciando il marchio Subway®. Io sono entrato in azienda vent'anni fa e ho aperto il mio primo locale in Germania.

**L'idea**
*Come è nata l'idea?*

Fu il dottor Peter Buck, un fisico nucleare, a cambiare la vita a Fred DeLuca, allora studente universitario, proponendogli di aprire un negozio di *sandwich sottomarini*, per aiutarlo a pagare le tasse scolastiche.

Il termine 'sottomarino' deriva dalla forma peculiare dei panini con i quali si preparano i *sandwich*, che ricordano, appunto, dei sottomarini.

Il professore Peter Buck contribuì con un investimento iniziale di mille dollari.

I due *partner* aprirono il loro primo ristorante a Bridgeport, nel Connecticut, e lì iniziarono a servire panini freschi, economici e fatti su ordinazione.

**Strategie**
***Quali sono state le strategie e i segreti della crescita del format?***

La popolarità dei *sandwich* e del marchio ha continuato a crescere nel corso dei decenni, ma una cosa è rimasta la stessa, i valori e i principi fondamentali: fornire sempre un servizio eccezionale, proporre menù di altissima qualità a un prezzo accessibile a tutti, mantenere bassi i costi operativi, puntare su un'ottima *supply chain*.

La qualità di questi ingredienti, dal pane alle verdure, è certificata dal ricorso a produttori che sono stati selezionati e approvati dalla casa madre.

Oggi in particolare Subway® punta sul *refresh* dell'immagine e del *design* dei locali, che è in fase di realizzazione.

Con l'operazione Subway Fresh Forward Design stiamo potenziando la nostra *customer experience*, unendo immagine contemporanea e digitalizzazione con *touch point* per le ordinazioni e una narrazione efficace della qualità e della tracciabilità dei nostri ingredienti.

**Errori da cui imparare**
***Qual è stato l'errore più importante che ha commesso e che cosa ha imparato da quell'errore?***

Più che di errori preferiamo parlare di adattamenti, che ci sono sempre perché noi non vogliamo mai smettere di migliorare.

**Sfide**
*Qual è stata la sfida che ha affrontato e come l'ha superata?*

La sfida più bella è sempre quella in corso!
Oggi il nostro obiettivo è creare un posto dove i clienti si sentano accolti e benvenuti, quasi come in famiglia. Per questo abbiamo lavorato molto sui *feedback* di chi frequenta i nostri locali, prendendo davvero in considerazione le indicazioni che ci sono arrivate direttamente da loro.

**Successo**
*Quale ritiene sia stato il suo successo più importante?*

Diventare responsabile dello sviluppo del *network* in Germania e Austria, e poi, cinque anni fa, anche del Triveneto e di una piccola parte della Lombardia.
Considero questa crescita, che intendo proseguire, il mio più grande successo, perché credo profondamente nella *mission* e nella *vision* di questo *brand*.
A oggi in Italia, l'apertura di punti a insegna Subway® è di otto in affiliazione *franchising* nella mia area di competenza: Trento, poi due a Bolzano, Merano, Verona, tre in tutto nelle basi militari di Vicenza e Aviano.
A questi si aggiungono i quattro locali di Torino, Pisa, Firenze e Roma. Numero che è destinato a crescere.

**Futuro**
*Quali sono i suoi obiettivi futuri?*

Crediamo che oggi l'Italia sia pronta per una forte espansione del nostro marchio. Come dicevo ci stiamo concentrando sul Nord per poi crescere sul territorio.
Soprattutto, cerchiamo operatori locali, non tanto investitori, ma persone che amino il *food* e il contatto con le persone, che vogliano lavorare nel ristorante perché questa è la loro passione e vocazione:

accogliere i clienti e farli sentire a casa. L'affiliato giusto, insomma, è un elemento di raccordo tra le persone che abitano il territorio e il *brand*.

# Capitolo 34
# Il Vizietto

La storia del progetto in *franchising* e del *brand* Il Vizietto, tra i maggiori *franchisor* nel settore dei negozi *sexy shop* automatici, è raccontata da Roberto Maria Rinaldi, fondatore del marchio. Oggi la rete conta, nel nostro Paese, un totale di oltre trenta punti vendita, di cui uno di proprietà e i restanti gestiti da imprenditori attraverso la formula del *franchising*. Il mercato estero è in fase di valutazione con ipotesi collaborative per una prima apertura in Spagna.

**Come nasce Il Vizietto**
*In che anno ha lanciato la sua attività aziendale e quando ha avviato il progetto in franchising?*

Abbiamo lanciato la nostra peculiare attività, innovando in questo settore, nel 2011, con un primo punto a Roma, decidendo di investire in un servizio che non conosce crisi e che permette alti margini di guadagno con un impegno di tempo limitato. Dopo il primo anno di attività, visti gli ottimi risultati, ci siamo trovati di fronte a un bivio: aprire altri punti vendita a nostra gestione o creare e sviluppare un nuovo progetto *franchising*? Così abbiamo scelto la seconda opzione.

**L'idea**
*Come è nata l'idea?*

Avevamo l'idea di aprire un negozio di *vending machine* e abbiamo verificato le diverse possibilità. Durante la ricerca abbiamo trovato una società produttrice di distributori automatici in Nord Europa che posizionava all'interno dei suoi distributori invece delle solite bottigliette d'acqua o merendine, dei *sex toys*.

Abbiamo contattato un produttore italiano e abbiamo proposto di fornirci dei distributori per la realizzazione del nostro progetto.

Abbiamo creato il marchio, il *format* del negozio, siamo andati alla ricerca dei prodotti: abbiamo incrociato le dita e siamo partiti.

Oggi, a otto anni di distanza quel negozio a Roma è ancora attivo ed è uno dei negozi che ha i risultati migliori in tutta la catena.

### Strategie
*Quali sono state le strategie e i segreti della crescita del format?*

Ci siamo voluti posizionare sin dall'inizio come il *franchising* di riferimento del nostro settore.

Abbiamo sottoposto la nostra candidatura ad Assofranchising, la quale dopo attenta valutazione del *format*, del contratto e della serietà nella gestione dei *franchisee*, l'ha accettata, accogliendo il nostro marchio come socio.

Dopodiché abbiamo operato in modo da rendere la nostra offerta ancora più appetibile ottimizzando i costi e riducendo così il prezzo di vendita.

### Errori da cui imparare
*Qual è stato l'errore più importante che avete commesso e che cosa avete imparato da quell'errore?*

Ce n'è uno in particolare: qualche anno fa decidemmo di fidarci di un potenziale affiliato, al quale illustrammo, forse troppo nei dettagli, il nostro progetto.

Qualche tempo dopo lo stesso potenziale affiliato, avendo fatto tesoro del nostro *format*, lanciò sul mercato un prodotto molto simile al nostro. Il tempo però ci ha dato ragione, oggi quel marchio non esiste più.

**Sfide**
*Qual è stata la sfida che ha affrontato e come l'ha superata?*

La maggiore sfida è stata abbassare la soglia di accesso al progetto, in modo da incrementare sensibilmente il numero di affiliati, non volendo però rinunciare alla qualità e al servizio che da sempre ci hanno contraddistinto e che hanno fatto il nostro successo.
Per cui, ci siamo concentrati sulla voce di maggior costo, che sono i distributori automatici.
Dopo una ricerca a livello internazionale abbiamo trovato in un produttore cinese quello che volevamo: abbiamo deciso quindi di commissionargli un nuovo concetto di distributore automatico, pensato interamente da noi, per soddisfare le nostre specifiche esigenze a un minor costo.
Oggi importiamo direttamente dalla Cina, da uno dei più grandi produttori internazionali, una tipologia di distributore totalmente innovativa, invece di funzionare a spinta, come tutti quelli in commercio, i nostri posseggono un box per ogni singolo prodotto, con 8 distributori riusciamo a esporre circa 350 referenze. In abbinamento a questo nuovo *concept* abbiamo sviluppato anche il nostro *software* di gestione a distanza, con il quale possiamo aprire la porta del negozio da una App, oppure aprire addirittura i singoli Box, contenti prodotti, questo al fine di servire al meglio il cliente senza obbligare però l'affiliato a recarsi in negozio, abbiamo raggiunto il livello di tecnologia nella distribuzione automatica che pochi possono vantare.
Con queste nuove strategie e investimenti, abbiamo aperto in un solo anno oltre dieci nuovi punti vendita.

**Successo**
*Quale ritiene sia stato il suo successo più importante?*

L'aver elaborato un *format* che si gestisce con sole tre ore a settimana di lavoro e non aver tradito la fiducia dei nostri *franchisee*, continuando a offrire al mercato e ai nostri clienti prodotti di alta qualità.

**Futuro**
*Quali sono i suoi obiettivi futuri?*

Raggiungere nei prossimi due anni quota cinquanta punti vendita in Italia e aprire il nostro progetto in *franchising* in almeno due mercati esteri.

# Capitolo 35
## Cipria make up

La storia del progetto in *franchising* e del *brand* Cipria make up, uno dei maggiori *network* italiani nel settore dei prodotti per la cura e la bellezza della persona, è raccontata da Fabrizio Giani, direttore commerciale del marchio. Oggi la rete conta, nel nostro Paese, oltre venticinque *store*, di cui uno diretto e i restanti affiliati. All'estero il *network* è presente con cinque negozi in tre Paesi: uno in Nigeria, tre in Sudafrica (Città del Capo, Sandton City e Johannesburg) e uno in Bulgaria.

**Come nasce Cipria make up**
*In che anno è stata lanciata l'attività aziendale e quando è stato avviato il progetto in franchising?*

La Kappa srl nasce nel 2009 come distributore di prodotti cosmetici e nel 2013 con l'apertura del primo *store* decidiamo di condividere la nostra esperienza lanciando sul mercato il progetto Cipria make up in *franchising*. Il *format* consiste in una rete di negozi dal *concept* unico, pensati e realizzati secondo le più innovative tendenze del settore, in grado di offrire prodotti per la cura e la bellezza della persona a prezzi di vendita competitivi con le politiche commerciali effettuate dai principali *competitor* presenti sul mercato.

**L'idea**
*Come è nata l'idea?*

Il progetto Cipria make up nasce dall'idea di offrire ai propri affiliati l'opportunità di sviluppare una impresa nuova e dinamica in un mercato, quello dell'estetica e della bellezza, sempre in crescita. Le buone  prospettive di fare un giusto investimento sono supportate da un *design* accurato del negozio e dall'assortimento di prodotti che riescono a soddisfare tutte le esigenze per ogni fascia di età e per livello di prezzo, consentendo ai punti vendita di raggiungere una fascia di mercato molto ampia.

**Strategie**
***Quali sono state le strategie e i segreti della crescita del format?***

La *location* e il personale qualificato dei punti vendita rappresentano gli *asset* strategici più importanti per la crescita e il successo del nostro *format* sotto tutti i profili.

**Errori da cui imparare**
***Qual è stato l'errore più importante che è stato commesso e che cosa avete imparato da quell'errore?***

Il *design* e il *format* del primo negozio pilota rappresenta l'errore più importante, non era il tipo di negozio per il *target* commerciale che avevamo intenzione di raggiungere, ma è stato molto utile alla realizzazione di quello che qualche tempo dopo è divenuto un negozio completamente diverso: giovane nell'immagine, di impatto nel *design*, *smart* nel *format* e nella formula dell'offerta commerciale.

**Sfide**
***Qual è stata la sfida che avete affrontato e come l'avete superata?***

La ricerca di fornitori di prodotti con cui condividere le politiche commerciali giuste per i nostri affiliati rappresenta sicuramente la sfida più impegnativa, soprattutto per le difficoltà che esistono nel mercato attuale fortemente presidiato dalle iniziative di vendita on line, che rappresentano per la rete distributiva tradizionale il nemico numero uno. Il nostro *concept* con la formula di vendita mono e *multibrand* è riuscito a contenere questo *gap*, sebbene resti sempre una sfida aperta e sulla quale la nostra azienda cerca di investire maggiormente le proprie risorse con la ricerca costante e la conclusione di contratti di distribuzione mirati.

**Successo**
*Quale ritiene sia stato il vostro successo più importante?*

Il progetto Cipria make up rappresenta in maniera puntale quelle che sono le nuove tendenze di mercato in un settore in forte crescita e in continua evoluzione. Oltre la vendita, i nostri affiliati, in un'apposita area attrezzata del negozio e con personale qualificato, offrono anche servizi di *make up* ed estetica di base, che consentono di completare l'offerta e di dare un'assistenza mirata sulle tecniche di applicazione. Ognuno di questi elementi è stato determinante nello sviluppo dell'idea perché crea il *mix* giusto per il successo del *business* visto da tutte le prospettive: azienda affiliante, affiliato e cliente finale.

**Futuro**
*Quali sono gli obiettivi futuri?*

L'obiettivo è porre sempre di più le basi per un marchio che possa nel corso degli anni divenire un riferimento nel campo della cosmetica.

# Capitolo 36
# Equivalenza

 La storia del progetto in *franchising* e del *brand* Equivalenza, uno dei maggiori *network* nel settore profumeria, prodotti di bellezza e aromi per la casa, è raccontata da Kilian González Fontboté, *Italy managing director* e amministratore delegato del marchio in Italia. La rete conta, a oggi, oltre settecento negozi in ventisei paesi nel mondo con sistema di affiliazione, mentre sul nostro territorio sono duecentotrenta i punti vendita distribuiti capillarmente da Nord a Sud.

**Come nasce Equivalenza?**
***In che anno è stata lanciata l'attività aziendale e quando è stato avviato il progetto in franchising?***

Equivalenza nasce nel 2011 in Spagna e si sviluppa in Italia nel 2013.

**L'idea**
***Come è nata l'idea?***

La sua ragione d'essere è democratizzare e rivoluzionare l'industria del profumo. Equivalenza offre infatti le fragranze di ultima tendenza al miglior prezzo. I prodotti formulati sono creati con essenze di altissima qualità. Siamo attenti alla sostenibilità, riducendo all'essenziale anche il *packaging*. Il profumo viene infatti confezionato al momento grazie all'innovativo sistema di *refill*, utilizzando flaconi *minimal* ricaricabili infinite volte con la fragranza preferita.

Nei *concept store* si possono provare oltre 130 profumazioni, tutte create con estrema cura dalla Maestra Profumiera francese Mylène Thioux, insieme al suo *team* internazionale di esperti.

Ma Equivalenza non è solo profumo! Ad arricchire l'offerta troviamo anche aromi per la casa e un'ampia gamma di prodotti di bellezza capaci di sorprendere con aromi di tendenza e *texture* innovative: un vero e proprio viaggio sensoriale per tutti i gusti e tutte le età.

Il nostro *concept* vuole dare un'anima nuova alla profumeria proponendo una nuova esperienza per lo *shopping*, nella quale bellezza e sensazioni si fondono in uno spazio pensato per stupire, offrendo un acquisto intelligente e sostenibile strettamente connesso con il *feeling* dei consumatori.

**Strategie**
***Quali sono state le strategie e i segreti della crescita del format?***

I nostri punti di forza sono i prodotti: alta qualità a un costo accessibile. La nostra offerta a catalogo è studiata per mettere il cliente sempre al centro e renderlo protagonista grazie a una suddivisione in quattro mondi distinti, associati a emozioni ancestrali: allegria, energia, seduzione ed equilibrio. Categorie da poter scegliere in base al proprio umore del momento, al proprio stato d'animo o alla propria predisposizione personale.

Quattro "mood" che guidano nella scelta e regalano un'irrinunciabile esperienza di benessere psicosensoriale. Bellezza e sostenibilità sono quindi i concetti d'ispirazione alla base di una vera e propria "boutique delle sensazioni" che accompagna in un viaggio emozionale attraverso i sensi. Il *good value* come pilastro fondamentale attorno a cui ruota tutta l'offerta: prodotti di alta qualità a prezzi accessibili. Lo *store* Equivalenza non è solo uno spazio fisico ma un luogo che vive attraverso chi lo visita e lo frequenta. I nostri *store* presentano un *layout* dinamico in cui forme e materiali si alternano in un armonioso gioco di contrapposizioni esaltando il concetto dei quattro mondi, *fil rouge* che accompagna il cliente durante tutto il processo d'acquisto.

**Errori da cui imparare**
*Qual è stato l'errore più importante che ha commesso e che cosa ha imparato da quell'errore?*

La nostra rapida espansione e le numerose richieste di affiliazione, in particolar modo in Spagna nel momento del boom, ci hanno portato ad aprire molti punti vendita in *location* che si sono rivelate poco strategiche, limitando le *performance* dei negozi. Questa esperienza ha cambiato i nostri criteri di valutazione per la localizzazione degli *store* attraverso attenti studi di *geomarketing* che ora vengono seguiti con estremo rigore. Un altro errore che possiamo considerare, soprattutto nei primi anni in fase di *start up*, è stato quello di sviluppare prodotti standard e destinati a tutti i mercati, non considerando il bisogno di referenze "ad hoc" per singolo Paese. Negli ultimi ventiquattro mesi abbiamo prodotto oltre cinquanta referenze di aromi e profumi destinate esclusivamente al nostro mercato italiano, in base alle ultime tendenze pensando *Glocal*.

**Sfide**
*Qual è stata la sfida che ha affrontato e come l'ha superata?*

La nostra più grande sfida è stata rendere il nostro prodotto sostenibile, contribuendo alla salvaguardia del pianeta. La maggior parte delle collezioni Equivalenza sono sviluppate con un sistema intelligente di *refill*: flaconi che possono essere ricaricati infinite volte. Questo sistema consente di ridurre il numero di imballaggi e l'impatto di emissioni per la loro produzione, ma soprattutto dimostra quanto possa essere semplice rispettare l'ambiente. Una variante ecologica che fa la differenza e premia il cliente con uno sconto già dal secondo acquisto.

**Successo**
*Quale ritiene sia stato il suo successo più importante?*

Il nostro più grande successo è sicuramente la nostra espansione, specchio della fiducia che ci arriva dai nostri clienti. Il tasso di fidelizzazione è altissimo: sette persone su dieci ripetono l'acquisto e solo in Italia lo scorso anno sono stati realizzati 800mila *refill* di profumo con conseguente beneficio per l'ambiente.

**Futuro**
*Quali sono i suoi obiettivi futuri?*

I nostri obiettivi futuri sono l'espansione in nuovi Paesi, il *restyling* dei nostri negozi e il riposizionamento del nostro marchio. Puntiamo a raddoppiare i punti vendita presenti in Italia in quattro anni, per esportare più velocemente il nuovo *layout* dei negozi e la gamma di prodotti personalizzati per ogni Paese. Abbiamo, inoltre, l'obiettivo di ampliare la nostra offerta con il lancio di una nuova linea cosmetica nei primi mesi del 2020 e farà l'ingresso a catalogo la nuova linea *make-up* entro il 2022. Equivalenza sarà un vero e proprio punto di riferimento nel mondo *Beauty*, sempre con particolare attenzione alla sostenibilità e allo studio di nuove tecnologie per la tutela dell'ambiente.

# Capitolo 37
## Kentucky Fried Chicken - KFC

La storia del *franchising* e del *brand* KFC - Kentucky Fried Chicken, catena di ristorazione in *franchising* nata nel 1952 negli Stati Uniti, è raccontata da Corrado Cagnola, amministratore delegato di KFC Italia.

Al primo ottobre 2019, la catena conta, in Italia, 38 ristoranti in 12 regioni, dal Friuli alla Sicilia, tutti gestiti in *franchising*.

Nel mondo, i ristoranti sono più di 23mila in oltre 135 paesi con una forza lavoro di circa 800mila persone.

**Come nasce KFC**

*In che anno è stata lanciata l'attività aziendale e quando è stato avviato il progetto in franchising? Quando è arrivato il marchio in Italia?*

Kentucky Fried Chicken (società del gruppo Yum! Brands Inc) nasce come catena di ristorazione in *franchising* nel 1952 negli Stati Uniti. Oggi è *leader* del mercato di riferimento ed è la più famosa catena al mondo di ristoranti che serve pollo.

In Italia KFC arriva nel 2014.

In questi anni, il numero di addetti complessivo che lavora con la nostra catena è di oltre mille persone, con un giro d'affari annuo medio per ristorante di 1,8 milioni di euro e di circa 7,5 milioni di clienti serviti.

**L'idea**
*Come è nata l'idea?*

L'Italia è un mercato molto complesso per quanto riguarda il settore *food* e molto sfidante per chi opera in questo settore.
Siamo tra i Paesi più importanti per popolazione, reddito e indotto turistico, abbiamo un mercato del "mangiare fuori casa" molto ampio e variegato, le catene sono poche in confronto al resto dell'Europa e abbiamo una cultura gastronomica molto ricca.
Questi però, sono stati anche i presupposti del potenziale successo di KFC, che ha uno dei suoi punti di forza nel prodotto, di qualità e dal gusto unico.
L'Italia è stata quindi una scelta naturale ma allo stesso tempo coraggiosa perché abbiamo portato il nostro pollo fritto in un contesto così particolare e impegnativo in anni in cui lo scenario non era del tutto privo di incertezze.
Ma fin dall'inizio siamo stati incoraggiati da una grande risposta dei consumatori, che infatti ci hanno premiato e continuano a farlo.

**Strategie**
*Quali sono state le strategie e i segreti della crescita del format?*

Persone e *location*: questi sono i punti chiave del successo nel *retail*.
Scegliere e lavorare con le persone giuste è il fattore strategico più importante.
A cominciare dai nostri *franchisee*, imprenditori fortemente motivati ad affiancarci in un piano di sviluppo impegnativo. E con loro investiamo per formare e far crescere i collaboratori, e per premiare i talenti.
Lavoriamo molto, soprattutto in questa fase di veloce espansione della catena, sulla crescita interna. Formazione e impegno dei *team member* sono necessari per mantenere gli alti *standard* di qualità, sicurezza e servizio che sono richiesti dal sistema KFC.
E siamo orgogliosi di dire che le nostre persone sono davvero molto

brave!
Sul fronte delle *location*, siamo partiti dai centri commerciali come canali di sviluppo: sono contesti in cui è più facile inserirsi per un *format* come il nostro e continuano a essere un ambito di crescita importante. A essi si sono affiancati i centri cittadini e le *traffic road*, dove abbiamo aperto ristoranti *drive through*. Inoltre stiamo sviluppando il canale *travel* (a cominciare dalle stazioni ferroviarie) che ci consente di raggiungere sia chi vive sul territorio, sia chi si muove per ragioni di lavoro o per turismo, in particolare tutti coloro che conoscono già KFC all'estero e vogliono continuare a visitarci anche in Italia.

### Errori da cui imparare
*Qual è stato l'errore più importante che ha commesso e che cosa ha imparato da quell'errore?*

Approdare in un Paese completamente nuovo, pur con un marchio fortissimo e globale, comporta per forza degli errori: ma nessuno è in sé un fallimento, fa solo parte di un processo di apprendimento continuo. Abbiamo commesso errori di menù, di *pricing*, di *location*, di persone, ma ognuno di questi sbagli ci ha portati fin qui, facendo crescere KFC Italia ancor più velocemente.
L'insegnamento più importante? Non cedere alla fretta, soprattutto nella fase di scelta e di avvio con i potenziali *franchisee*. I nostri contratti durano vent'anni, serve il tempo di ponderare la scelta da entrambe le parti: solo con grande convinzione e motivazione reciproca si può costruire un rapporto solido e duraturo.

### Sfide
*Qual è stata la sfida che ha affrontato e come l'ha superata?*

KFC ha scelto per il momento di operare in Italia esclusivamente attraverso il *franchising* perché riteniamo che gli imprenditori locali siano i soggetti ideali per la crescita del *brand*, grazie alla loro profonda conoscenza del territorio. La sfida principale è stata individuare i *partner* giusti da coinvolgere nello sviluppo della rete: i nostri *franchisee* devono avere capacità imprenditoriale, non solo finanziaria ma soprattutto di *forma mentis*, per sviluppare e gestire un *business* di dimensioni medio-grandi (almeno dieci ristoranti). Attraverso un attento lavoro di selezione abbiamo costruito una rete di *franchisee* solidi, grazie ai quali siamo presenti in dodici regioni italiane, da Nord a Sud.

## Successo
### *Quale ritiene sia stato il suo successo più importante?*

Riuscire ad affermare il *brand* nel nostro Paese è stato sicuramente un successo, con ricadute che ci rendono orgogliosi, come aver creato, partendo da zero, mille posti di lavoro stabili e un *team* KFC Italia giovane, affiatato ed entusiasta.
Un altro risultato che mi sta a cuore è quello di aver introdotto nel 2017, primi in Italia fra i *brand* della ristorazione veloce, un progetto di recupero e donazione delle nostre eccedenze alimentari. Si chiama *Harvest Program*, esiste da tempo nel sistema KFC a livello globale e lo realizziamo in Italia in *partnership* con la Fondazione Banco Alimentare. Con *Harvest* raccogliamo e doniamo le eccedenze di pollo fritto a strutture caritative che operano nei territori in cui sono presenti i ristoranti KFC.

## Futuro
### *Quali sono i suoi obiettivi futuri?*

Il primo obiettivo è ampliare la presenza del *brand* sul territorio, raggiungendo le regioni dove ancora non siamo presenti per portare il nostro prodotto sempre più vicino ai consumatori. E poi consolidare il posizionamento del marchio facendo leva sui nostri valori: capacità di affrontare le sfide, coraggio, attenzione alla qualità, resilienza, trasparenza. Li abbiamo ereditati dal nostro fondatore e *frontman* del *brand*, il Colonnello Harland Sanders, insieme al senso di ironia e divertimento: un'altra caratteristica che noi non dimentichiamo mai, sia nella comunicazione sia nel nostro lavoro quotidiano.

# Capitolo 38
# Löwengrube

La storia del progetto in *franchising* e del *brand* Löwengrube, uno dei maggiori *network* italiani nel settore della ristorazione bavarese e di birre, è raccontata da Pietro Nicastro, fondatore e amministratore unico del marchio.

La rete, in Italia, attualmente conta 26 punti vendita di cui uno diretto e 25 in affiliazione entro la fine del 2019, che diventeranno 35 nel 2020 comprendendo ulteriori nuovi punti vendita diretti.

L'espansione all'estero è prevista nei prossimi anni, particolarmente in Spagna, Francia ed Europa dell'Est. I *format* nel tempo sono diventati tre, oltre al classico Stube (destination), il Klein (travel), ossia la versione del ristorante birreria per stazioni e aeroporti, e il Wagen, il *food truck* di *street food* bavarese.

**Come nasce Löwengrube**
*In che anno ha lanciato la sua attività aziendale e quando ha avviato il progetto in franchising?*

Ho aperto il primo Ristorante Birreria Bavarese Löwengrube nel 2005, a Limite sull'Arno, in provincia di Firenze. Nel 2014 ho poi deciso di ampliare il progetto dando inizio all'espansione in *franchising* .

**L'idea**
*Come è nata l'idea?*

L'idea è nata durante un viaggio a Monaco di Baviera, dove ho potuto più volte assaporare la realtà bavarese, che mi ha conquistato nelle sue tante sfumature: il cibo, le tradizioni, i balli, i costumi... Tutti aspetti che hanno trovato un perfetto connubio con la mia passione per la *beer experience* - avevo già aperto una mia birreria a 19 anni.

Ho voluto riproporre al pubblico italiano l'emozione bavarese in tutta la sua autenticità.

Il cliente quando entra in uno dei nostri locali è come se entrasse in una *bierstube* di Monaco: dalla calda accoglienza, all'atmosfera curata in ogni minimo dettaglio, alle divise bavaresi degli operatori di sala, fino alla birra e al cibo.

### Strategie
***Quali sono state le strategie e i segreti della crescita del format?***

Dare sempre priorità al cliente - dal momento dell'accoglienza fino all'accompagnamento al tavolo - offrendo cibo di alta qualità, garantendo un servizio efficiente attraverso la standardizzazione dei processi in cucina e delle procedure di gestione del ristorante. Mettiamo a disposizione servizi quali l'Area Kinder con metodo Montessori, per le famiglie, promozioni dedicate, programmi di fidelizzazione e molti altri progetti che stiamo preparando.

Affidarsi a *partner* importanti (Havi per la logistica, InBev per la fornitura delle birre e per *partnership marketing*). Andare avanti sempre con la stessa umiltà del primo giorno, quando sono partito da zero, con la tenacia che mi ha accompagnato in ogni percorso della mia vita.

Inoltre ho sempre puntato all'originalità del *format*: nei locali Löwengrube vengono proposti sia piatti tradizionali bavaresi, sia ricette rivisitate per essere apprezzate anche dal pubblico italiano.

### Errori da cui imparare
***Qual è stato l'errore più importante che ha commesso e che cosa ha imparato da quell'errore?***

L'errore più grande, quando ho avviato il *franchising*, è stato fidarmi di alcune persone, alle quali avevo affidato l'incarico di rappresentare il mio marchio, che poi si sono rivelate non in buona fede e questo ha comportato il rischio di gravi conseguenze per il *brand*. Purtroppo non è facile trovare collaboratori fidati nel corso di un progetto imprenditoriale in crescita.

Da queste esperienze ho imparato che, quando si è all'inizio, la cosa migliore è ascoltare più pareri confrontando i diversi punti di vista.

**Sfide**
***Qual è stata la sfida che ha affrontato e come l'ha superata?***

Aver creato un nuovo *format* di ristorazione organizzata in *franchising* andando a competere con *player* molto più grandi di noi a livello italiano e con multinazionali con milioni di euro alle spalle e anni di storia e di esperienza.

L'ho superata con la tenacia e con l'idea che mettendo sempre il cliente al centro, garantendogli un'alta qualità di servizio e un'autentica *esperienza* bavarese - sia dal punto di vista di prodotto che di atmosfera - sarei riuscito a creare qualcosa di diverso.

**Successo**
***Quale ritiene sia stato il suo successo più importante?***

Avere creato un *format* in *franchising* con livelli di standardizzazione e di procedure che si sono dimostrati effettivamente replicabili: me lo confermano la soddisfazione dei nuovi *franchisee* e di diversi nostri affiliati che hanno aperto più di un punto vendita in *franchising*. Inoltre, quando abbiamo iniziato, eravamo alla ricerca di un *partner* logistico e, anche se avevamo solo due locali, siamo stati affiancati dal nostro attuale operatore, che lavora solo con grandi catene.

Questo perché hanno sempre creduto nel progetto e nell'idea alla base, e i numeri, soprattutto adesso, ce ne danno conferma.

Un risultato tangibile, soprattutto a livello mediatico, è stata la vittoria del *FoodService Award 2019*, nella categoria della 'Ristorazione a Tema'.

**Futuro**
*Quali sono i suoi obiettivi futuri?*

Aprire 20 locali diretti nei prossimi 5 anni, raggiungere il numero di 50 affiliazioni nei prossimi 3 anni e aprire i primi punti vendita all'estero. E inoltre, diventare la prima catena di birrerie in Italia, firmando *partnership* e accordi con i più grandi *player* del mercato.

# Capitolo 39
# Capatoast

 La storia del progetto in *franchising* e del *brand* Capatoast, uno dei maggiori *network* italiani nel settore della ristorazione *street food*, è raccontata da Paolo Castaldo, fondatore e presidente del marchio. A luglio 2019 la rete conta, su tutto il territorio nazionale trentasei punti vendita, di cui quattordici diretti e i restanti in affiliazione *franchising*. Per il momento il mercato estero è ancora in fase di valutazione.

**Come nasce Capatoast**
***In che anno ha lanciato la sua attività aziendale e quando ha avviato il progetto in franchising?***

Ho aperto il primo *store* Capatoast a Napoli, nel novembre 2014 e avviato, già nel 2015, il progetto di *franchising*, con l'apertura a luglio del punto vendita di Milano, in Corso Buenos Aires.

**L'idea**
***Come è nata l'idea?***

L'idea è nata da un piacevole ricordo di infanzia, di quando io e le mie sorelle eravamo piccoli e ogni venerdì sera a casa c'era quella che noi chiamavamo "la serata toast", in cui ci divertivamo insieme a nostra madre a preparare toast con ricette originali e ogni volta diverse.
A quei tempi dicevo sempre che da grande avrei voluto aprire un negozio che facesse solo toast e alla fine l'ho fatto, insieme ad Antonio

un grande amico di infanzia. Il percorso non è stato facile: oggi Capatoast è una realtà riconosciuta, ma inizialmente quasi nessuno credeva nel progetto.

Ci è voluta una enorme determinazione per non cedere emotivamente davanti alle prediche di tutti quelli che ci davano per sconfitti ancor prima di iniziare.

Il *naming* "Capatoast" nasce proprio quale omaggio alla nostra "testa dura" e al nostro coraggio di averci provato nonostante tutto.

**Strategie**
*Quali sono state le strategie e i segreti della crescita del format?*

Prima di aprire il primo punto vendita non sapevamo cosa aspettarci: eravamo fortemente convinti della nostra idea, ma allo stesso tempo preoccupati che potesse non stimolare la curiosità del pubblico.

Saremmo stati il primo negozio in tutta Europa di soli toast e i punti interrogativi erano moltissimi. Sapevamo però, che nel caso le cose fossero andate nel verso giusto, dovevamo essere pronti e veloci nello sviluppare il *format*, perché vi sarebbero stati molti tentativi di imitazione. Fin dal primo giorno il locale registrò grande interesse tra i clienti che facevano lunghe file per assaggiare i nostri toast, e tra potenziali investitori, con proposte di affiliazione da tutta Italia. Come avevamo immaginato, iniziarono molte imitazioni e il toast diventò la moda del momento ma, grazie a un veloce sviluppo del *format* sul territorio e grazie alla scelta di puntare molto e da subito sulla costruzione del *brand*, Capatoast si è affermata come una realtà concreta e in costante crescita.

**Errori da cui imparare**
*Qual è stato l'errore più importante che ha commesso e che cosa ha imparato da quell'errore?*

Nella fase di *start up* commettere errori è inevitabile ma indica la strada per crescere. Uno degli errori più significativi, che abbiamo commesso in un paio di circostanze, è stato forse l'aver siglato accordi di affiliazione con imprenditori non sufficientemente strutturati per comprendere e rispettare le reciproche regole che impone un rapporto di *franchising*.

Oggi dedichiamo tante energie alla scelta degli affiliati e cerchiamo imprenditori con competenze ed esperienza e che credano fortemente nel nostro prodotto e nel *franchising* come opportunità di *business* e reciproca collaborazione per arrivare al raggiungimento di obiettivi comuni.

**Sfide**
***Qual è stata la sfida che ha affrontato e come l'ha superata?***

In un'attività come la nostra ogni giorno ci sono nuove prove, piccole o più grandi, da affrontare e da superare.

La nostra sfida è migliorare quotidianamente i prodotti e i servizi offerti ai nostri clienti, adeguandoci velocemente ai cambiamenti imposti dalle nuove tecnologie e dalle nuove tendenze che influenzano tantissimo anche il mondo del *food*.

**Successo**
***Quale ritiene sia stato il suo successo più importante?***

Un importante risultato che abbiamo ottenuto è stato sicuramente l'aver creato una tendenza attorno a un prodotto che esiste da sempre ma che forse non era mai stato adeguatamente valorizzato.

Ce ne prendiamo il merito, grazie a noi il toast è diventato un'apprezzata alternativa alla pizza o al panino che rappresentano da sempre il tipico "pasto veloce" degli italiani. Straordinario anche il percorso di sviluppo che ci ha portato in poco più di quattro anni a diventare una catena, con 36 punti vendita aperti (e molti altri di prossima apertura), apprezzata dal pubblico e dagli addetti ai lavori.

Successo ancora più grande l'aver conquistato con il nostro progetto i tantissimi consumatori che ogni giorno ci scelgono e accostano il nostro prodotto ai concetti di artigianalità, qualità e "italianità".

**Futuro**
*Quali sono i suoi obiettivi futuri?*

Il nostro sogno è diventare un punto di riferimento nel settore della ristorazione veloce per il mercato italiano e, magari nei prossimi anni, anche per il mercato estero.
Lavoriamo costantemente affinché i consumatori italiani riconoscano l'eccellenza di Capatoast che punta sull'artigianalità dei processi e sulla qualità e la provenienza controllata delle materie prime.
Nel futuro i cambiamenti dei ritmi di vita ci porteranno sempre più a mangiare fuori casa e il più velocemente possibile, noi crediamo si possa mangiare bene anche quando si mangia 'veloce'.
Di fatto i nostri toast sono un pasto: leggero, sano e preparato con ingredienti accuratamente scelti nella filiera alimentare italiana.

# Capitolo 40
# Ediliziacrobatica®

La storia del progetto in *franchising* e del *brand* Ediliziacrobatica®, l'unico *network* italiano nel settore dell'edilizia e della manutenzione acrobatica, è raccontata da Riccardo Iovino, fondatore del marchio.
Oggi la rete conta, nel nostro Paese, 77 sedi, di cui 51 a gestione diretta con la direzione generale a Genova e 26 in *franchising*.
All'estero il marchio possiede una sede in Francia, a Perpignan, grazie alla recente acquisizione di Etair Méditerranée.

**Come nasce Ediliziacrobatica®**
*In che anno ha lanciato la sua attività aziendale e quando ha avviato il progetto in franchising?*

L'attività è nata nel 1994 mentre il più giovane progetto *franchising* è stato lanciato nel 2015.

**L'idea**
*Come è nata l'idea?*

Ediliziacrobatica® l'ho fondata nel 1994, avendo già un'esperienza come *skipper* sulle barca a vela, per cui ho imparato a compiere opere di manutenzione sugli alberi delle imbarcazioni utilizzando il sistema dei lavori su corda.

**Strategie**
*Quali sono state le strategie e i segreti della crescita del format?*

Il nostro segreto è avere messo al centro di ogni strategia le risorse umane, intese come persone alle quali dedicare tempo, cure e attenzioni.
Noi crediamo che la felicità e la realizzazione umana e professionale di ogni nostro dipendente o collaboratore venga al primo posto, per questo ogni mese dedichiamo alla loro formazione due giornate di studio e confronto, coordinate e gestite da Anna Marras, socia e amministratrice con una delega alle risorse umane.

**Errori da cui imparare**
*Qual è stato l'errore più importante che ha commesso e che cosa ha imparato da quell'errore?*

Gli errori fanno parte della storia di ogni persona e di ogni azienda. Certamente anche noi ne abbiamo commessi, ma abbiamo imparato ad andare avanti senza trattenerli nella memoria come monito. Ogni giorno per noi è una nuova sfida che nasce e che ci impegniamo a vincere ripartendo da zero!

**Sfide**
*Qual è stata la sfida che ha affrontato e come l'ha superata?*

La prima sfida è stata proprio la nascita di Ediliziacrobatica® venticinque anni fa, quando la nostra idea appariva pazzesca e irrealizzabile.
L'abbiamo vinta sempre seguendo i principi dell'etica imprenditoriale nella quale crediamo: porre al centro il valore di ogni singola persona, sostenerla nel suo percorso di crescita, motivarla a migliorarsi e a raggiungere i suoi obiettivi.
Da allora la nostra ricetta non è mai cambiata, nemmeno quando lo scorso novembre, abbiamo vinto la sfida della quotazione in Borsa

Italiana o, all'inizio di quest'anno, con la quotazione sul mercato europeo dei capitali *Euronext Growth*.

**Successo**
*Quale ritiene sia stato il suo successo più importante?*

Il mio successo più grande è la passione e la cura con cui tutti i miei collaboratori lavorano ogni giorno.

**Futuro**
*Quali sono i suoi obiettivi futuri?*

Crescere, insieme a tutto il mio gruppo. Il nostro sogno è cambiare il modo di fare edilizia in Italia e nel mondo. Gli obiettivi a breve termine sono: la copertura ancora più capillare di tutto il territorio italiano e l'internazionalizzazione del nostro *brand* iniziata con la recente acquisizione francese.

# Capitolo 41
## Fit And Go

La storia del progetto in *franchising* e del *brand* Fit And Go, uno dei maggiori *network* italiani nel settore del *fast fitness* con una forma di allenamento tramite elettrostimolazione, è raccontata da Marco Campagnano, fondatore e CEO del marchio. Oggi la rete conta, nel nostro Paese, 68 centri operativi e sette in apertura, di questi due diretti su Roma. Per quanto riguarda l'estero il mercato è in fase di valutazione.

**Come nasce Fit And Go**
*In che anno ha lanciato la sua attività aziendale e quando ha avviato il progetto in franchising?*

Fit And Go è nato nel 2015 ed è partito fin da subito con l'idea di creare un *format* di *franchising* riconoscibile in Italia e di portare una vera e propria rivoluzione del modo di fare *fitness*. Siamo quindi partiti da Torino con il primo centro in *franchising*.

**L'idea**
*Come è nata l'idea?*

L'idea è nata passeggiando in Germania. Durante un viaggio con gli amici, ci siamo imbattuti in un centro di *EMS training*, cioè di allenamento tramite elettrostimolazione, un settore che lì era già molto sviluppato. Dopo essermi informato per portare quel *format* in Italia senza successo, ho pensato di realizzarne uno mio partendo da zero, costruito sulle esigenze specifiche del nostro territorio. L'idea era quella di vendere l'unica cosa che non possiamo comprare: il tempo. Nella società moderna siamo tutti stretti in *routine* frenetiche e agende serrate, trovare il tempo per noi stessi è spesso difficile, a maggior ragione quello per fare attività fisica. Noi avevamo la soluzione: una *boutique* di *fast fitness* con le migliori tecnologie a servizio di chi, in poco tempo, vuole avere massimi risultati o chi per mancanza di tempo o altro, appunto, non è mai riuscito a tenersi in forma.

**Strategie**
*Quali sono state le strategie e i segreti della crescita del format?*

Il segreto dello sviluppo così rapido del nostro *format* risiede nel successo presso l'utente finale che da subito ha compreso e constatato l'efficacia del nostro metodo di allenamento e i suoi benefici. Hanno poi avuto un ruolo fondamentale la nostra propensione all'innovazione, l'amore e la passione del *team* che lavora su questo progetto e i servizi offerti alla rete affiliata, che ha trovato in noi un *partner* solido e una guida nello sviluppo dei loro negozi.

**Errori da cui imparare**
*Qual è stato l'errore più importante che ha commesso e che cosa ha imparato da quell'errore?*

Inizialmente la voglia di crescere ci ha portati a investire tempo e risorse su *partnership* e persone sbagliate, che hanno approfittato della nostra buona fede per tentare di copiare e replicare il nostro *format*, senza successo. Da queste esperienze ho imparato a non aprire subito le porte a chiunque e a ponderare meglio le persone da coinvolgere nella nostra scalata al successo.

**Sfide**
*Qual è stata la sfida che ha affrontato e come l'ha superata?*

La sfida più grande è stata gestire una crescita così rapida ed esponenziale senza mai perdere il *focus* sull'innovazione e la digitalizzazione aziendale. Siamo riusciti a superarla grazie alla determinazione del *team* e a un'attenta organizzazione e programmazione del lavoro di tutti.

**Successo**
***Quale ritiene sia stato il suo successo più importante?***

Il nostro successo più grande sono sicuramente i numeri, che parlano da soli. Anche se quest'anno un grande successo è stata anche la partecipazione al *Rimini Wellness*, insieme ai più importanti *player* del mercato del *fitness*. Portare questa rivoluzione nel tempio del benessere è stata per noi una grande soddisfazione e vedere che anche i più sportivi restavano affascinati dopo aver provato il nostro metodo, ne è stata la conferma!

**Futuro**
***Quali sono i suoi obiettivi futuri?***

Gli obiettivi futuri sono sicuramente la conquista di tutte le città italiane dove ancora non siamo presenti e la ulteriore divulgazione di questo nuovo metodo di fare *fitness*, ci piacerebbe molto anche varcare i confini nazionali.

# Capitolo 42
# Link Motors

La storia del progetto in *franchising* e del *brand* Link Motors, uno dei maggiori *franchisor* italiani nel settore della vendita di auto e moto per conto di privati, è raccontata dal Fabian Coletta, fondatore del marchio. Oggi la rete conta, nel nostro Paese, cinquantaquattro punti, di cui uno a gestione diretta e gli altri in *franchising*. Il mercato estero invece, è ancora in fase di valutazione.

**Come nasce Link Motors**
***In che anno ha lanciato la sua attività aziendale e quando ha avviato il progetto in franchising?***

Nel 2014 è nato il nostro primo negozio Link Motors, a Roma; dopo un anno di attività è stato presentato il progetto di *franchising* a livello nazionale.

**L'idea**
***Come è nata l'idea?***

L'idea nasce con Fabian Coletta che grazie al progetto Link Motors è riuscito a unire il mondo della digitalizzazione al mondo dell'intermediazione. L'incontro con due imprenditori romani, Piero Umberto Limonta e Bruno D'amico, con esperienza ultra trentennale nel settore *automotive*, nel settore immobiliare e nel settore finanziario, fa sì che il *format* si completi e si renda appetibile per chi vuole fare impresa nel mondo dell'*automotive* con investimenti ragionevoli.

**Strategie**
*Quali sono state le strategie e i segreti della crescita del format?*

Le strategie sono investimenti molto bassi in un mondo dove la modalità tradizionale richiedeva strutture importanti, magazzino con grande esposizione economica e spese costanti elevate. Il nostro sistema permette di gestire cento auto in conto vendita senza nessun investimento sulle stesse.
La crescita deriva da un continuo aggiornamento del progetto con nuovi prodotti da offrire agli utenti finali.

**Errori da cui imparare**
*Qual è stato l'errore più importante che ha commesso e che cosa ha imparato da quell'errore?*

A oggi non abbiamo rilevato errori determinanti; aree di miglioramento certamente sì, ma non errori.

**Sfide**
*Qual è stata la sfida che ha affrontato e come l'ha superata?*

La sfida è stata di dare ai giovani, imprenditori e non, la possibilità di entrare nel mondo della vendita delle auto e delle moto con un investimento molto contenuto, possibilità prima non consentita dal sistema tradizionale.

**Successo**
*Quale ritiene sia stato il suo successo più importante?*

La divulgazione esponenziale del nostro progetto e la verifica che la metodologia da noi adottata permette anche ai neofiti di operare con sicurezza e successo in pochissimo tempo in un settore complesso.

**Futuro**
*Quali sono i suoi obiettivi futuri?*

Ampliamento della rete a livello europeo e la creazione di un nuovo profilo professionale: il "consulente automobilistico".
Un professionista preparato che sappia supportare l'utente finale, sempre aggiornato su tutte le possibilità che offre il mercato, capace di effettuare scelte imparziali, partendo dalla vendita del proprio mezzo, realizzando l'importo di vendita più performante, per procedere poi, alla successiva scelta per la propria esigenza di mobilità.

# Capitolo 43
# Mrs.Sporty

La storia del progetto in *franchising* e del *brand* Mrs.Sporty, uno dei maggiori *network* nel settore del *fitness* dedicato alla donna, è raccontata da Massimo Puppo, country manager Mrs.Sporty in Italia. La rete nel nostro Paese conta 23 club di cui due a gestione diretta e 21 in affiliazione e 3 di prossima apertura entro la fine del 2019. All'estero sono quasi cinquecento i *Fitness Club* Mrs.Sporty, con una maggior concentrazione in Germania con oltre trecentocinquanta club, e poi in Austria, Svizzera, Polonia, Belgio, Olanda e Bahrein. Sul totale, il 3 per cento resta a conduzione diretta.


**Come nasce Mrs.Sporty**
*In che anno è stata lanciata l'attività aziendale e quando è stato avviato il progetto in franchising? Quando invece avete acquisito la licenza del marchio in Italia?*

Mrs.Sporty è nata in Germania nel 2004. Nel 2015 abbiamo acquisito la licenza esclusiva per lo sviluppo di Mrs.Sporty in Italia e avviato il primo centro pilota.

**L'idea**
*Come è nata l'idea?*

Il *concept* Mrs.Sporty nasce in Germania nel 2004 grazie all'idea di Niclas Boenstroem, un imprenditore nel campo del *fitness* che assistendo sua moglie nella gestione dei figli durante la "paternità", ha avuto l'occasione di confrontarsi con molte donne, rendendosi conto che i loro bisogni e i loro desideri in ambito di *sport* e *fitness* non erano soddisfatti da ciò che allora offriva il mercato. La mia idea e il mio percorso imprenditoriale sono invece del tutto simili al tipico percorso di un affiliato in *franchising*. Dopo più di 25 anni di carriera manageriale proprio nel *franchising*, ho finalmente deciso di diventare imprenditore io stesso e ho scelto di farlo in *franchising* perché è l'unica formula che ti mette a disposizione un *know-how* sperimentato, che ti dà accesso a competenze che si aggiungono alle tue e che ti mette a disposizione strumenti operativi costantemente aggiornati. Inoltre, quando ho cominciato a considerare la possibilità di mettermi in proprio, volevo farlo con un'attività alla quale mi sentissi affine, in un settore che presentasse un *trend* di crescita di lungo periodo e attraverso un *franchisor* che avesse un *know-how* solido oltre a uno spiccato orientamento al futuro. Portare in Italia Mrs.Sporty è stata la sintesi di questo ragionamento e, d'altro canto, aiutare le donne a fare *sport* e a vivere meglio è molto gratificante.

**Strategie**
*Quali sono state le strategie e i segreti della crescita del format?*

La consapevolezza che chi fa *sport* vive meglio e più a lungo è sempre più diffusa (e lo sarà sempre di più) perché mantenersi "attivi" a livello motorio è senza dubbio il miglior trattamento "anti-età" disponibile sul mercato e anche il più economico. Sulla spinta dell'Organizzazione Mondiale della Sanità, anche i Governi si stanno accorgendo dell'impatto che l'attività motoria può avere sulla salute delle persone e sulla conseguente riduzione della spesa sanitaria. In Italia, il mercato del *fitness* è molto frammentato (i primi dieci operatori insieme non rappresentano neanche il 5 per cento del mercato) ed è in crescita costante. In un simile contesto occorre essere in grado di comunicare correttamente i nostri fattori di differenziazione, quelli che ci rendono unici e competitivi nel tempo.
Noi puntiamo su un allenamento specificamente studiato sulle esigenze delle donne, sulla tecnologia abbinata all'imprescindibile

fattore umano e sul rendere la nostra opportunità di *business*
facilmente accessibile ai nuovi affiliati grazie a un esborso iniziale
contenuto.

**Errori da cui imparare**
*Qual è stato l'errore più importante che ha commesso e che cosa ha
imparato da quell'errore?*

Errori se ne fanno sempre e tutti hanno il loro peso. Posso dire che ho
scelto di fare l'imprenditore in *franchising* proprio per ridurre al
minimo la possibilità di commetterne. In questo senso, avere
l'opportunità di confrontarti con persone che hanno già vissuto
un'esperienza simile alla tua e che affrontano quotidianamente le tue
stesse sfide ha un valore enorme. Anche quando devi prendere una
decisione importante puoi contare sull'esperienza di chi ha già dovuto
prendere quella stessa decisione prima di te. Questo ti permette di
avere più elementi a disposizione per poter decidere correttamente,
riducendo significativamente il margine di errore.

**Sfide**
*Qual è stata la sfida che ha affrontato e come l'ha superata?*

Premesso che, la sfida più importante è sempre la prossima, posso dire
che decidere di mettersi in proprio è stata la sfida più importante.
Mettersi in proprio comporta un grande cambiamento e ogni
cambiamento comporta sempre una componente di rischio che va
compresa e ponderata. A parte l'investimento necessario, in molti casi
si abbandona la sicurezza di uno stipendio fisso per seguire le proprie
aspirazioni e la visione di uno stato futuro. Inoltre, nel processo di
decisione, sono molte le persone e i consulenti che ti offrono punti di
vista differenti, che magari ti scoraggiano mettendoti di fronte tutti gli
ostacoli che potresti incontrare lungo il cammino. Occorre ascoltare
tutti attentamente e sottoporre a questa difficile prova le proprie
ragioni e la propria motivazione che è la "benzina" del coraggio. Nel
mio caso l'appoggio delle persone a me care è stato fondamentale.

Comunque, pur trattandosi di una decisione difficile, mettersi in proprio spesso può rivelarsi una scelta felice.

**Successo**
*Quale ritiene sia stato il suo successo più importante?*

Da un lato sono molto contento della gratificazione che deriva dalla riconoscenza dalle nostre clienti, dalle iscritte ai club Mrs.Sporty. Essere in un *business* che aiuta le persone a stare meglio, poter "toccare con mano" i loro miglioramenti e percepire la loro gratitudine è sicuramente il successo più grande. Dall'altro, il percorso di apprendimento fatto insieme ai miei collaboratori e insieme agli affiliati che collaborano con noi, tutti i giorni, mi riempie di soddisfazione.

**Futuro**
*Quali sono i suoi obiettivi futuri?*

L'obiettivo è di mettere in atto un circolo virtuoso che ci consenta, insieme ai nostri affiliati, di costruire una rete di almeno 400 *Fitness Club* Mrs.Sporty in Italia.

# Capitolo 44
# UniPoste

La storia del progetto in *franchising* e del *brand* UniPoste, uno dei maggiori *network* italiani nel settore di servizi di credito e prodotti assicurativi, pos, viaggi e noleggio auto, servizi postali, conti e carte, è raccontata da Francesco Paduano, presidente del marchio.

Oggi la rete conta, nel nostro Paese, cinque filiali a gestione diretta (Agropoli, Tropea, Torino, Napoli e Salerno), due Hub (Agropoli e Roma) e quindici agenzie in *franchising* dislocate sul territorio nazionale, con altre quattordici di prossima apertura.

Per l'estero il mercato è ancora in fase di valutazione.

**Come nasce UniPoste**

***In che anno ha lanciato la sua attività aziendale e quando ha avviato il progetto in franchising?***

UniPoste S.p.A. è nata nel 2014, quando alcuni imprenditori hanno immaginato i prodotti e i servizi di cui, ogni giorno, famiglie e imprese hanno bisogno.

L'idea si è concretizzata l'anno dopo, dando vita alla prima realtà imprenditoriale entrata nel mercato liberalizzato "Postal&Utility".

Oggi lo studio del mercato e le giuste intuizioni ci hanno portato allo sviluppo di progetti all'avanguardia anche in settori come il noleggio di auto e moto, telefonia ed efficienza energetica.

Per "avanguardia" intendo: reinvenzione totale del *business*, per cui Uniposte non è "solo Poste" ma una struttura d'azienda completamente nuova, secondo il modello del *franchising* che offre servizi rapidi e supportati da sistemi altamente tecnologici.

Inizialmente erano otto le aree di *business*, poi abbiamo canalizzato il tutto nelle quattro società del gruppo con le seguenti quattro *Business Unit*: finanziamenti, assicurazioni, viaggi e vacanze, posta e spedizioni.

**L'idea**

*Come è nata l'idea?*

La diffusione dei telefoni cellulari e la loro evoluzione ha consentito a miliardi di persone di scambiarsi informazioni di qualsiasi tipo (voce, testi, immagini, video, etc.) e di raggiungere livelli di interazione elevatissimi con strumenti molto sofisticati (pagamenti, ecc.).

In questi anni, due sono stati i punti di svolta importanti: il primo, l'attuazione della Legge 124/2017 che ha previsto la piena equiparazione di tutti i fornitori dei servizi postali; la seconda, lo scambio di denaro (*Money Transfer & Mobile Payments*) attraverso l'uso del telefono cellulare. Per cui, con la liberalizzazione del mercato postale e il *money transfer*, ecco che l'idea di UniPoste S.p.A. diventa realtà.

Il progetto è un contenitore di prodotti e servizi di cui quotidianamente hanno bisogno famiglie e imprese. Infatti già nel primo punto vendita si erogavano - oltre al prodotto postale e alle spedizioni, servizi come assicurazioni, finanziamenti viaggi e vacanze.

La società, pronta sempre a osservare le evoluzioni e le opportunità che il mercato offre, arricchisce poi la sua offerta integrandola di altri prodotti e servizi ad alta redditività, stipulando infatti accordi con i principali *player* del settore quali: noleggio auto e moto, telefonia ed efficienza energetica.

Il nostro *format* permette, ai soggetti interessati, di operare nella propria rete in *franchising* attraverso nuove formule di affiliazione commerciale: *Sprint* e *Professional*.

**Strategie**
*Quali sono state le strategie e i segreti della crescita del format?*

L'ottimo rapporto qualità/prezzo dei prodotti e servizi erogati, il *know-how* in nostro possesso, la piattaforma tecnologica usata, l'intensa attività di *marketing* e i corsi di formazione offerti.
Mi piace infatti sempre riportare come esempio l'attività formativa che mettiamo in campo con *UniPoste Academy*: una scuola che offre corsi di programmazione, *web design*, *digital marketing*, corsi di agente assicurativo, di *credit management*, di *tour operator*, agente finanziario, *human resource management*. UniPoste quindi punta e ha puntato sul fattore umano, ottenendo la fiducia del consumatore attraverso la preparazione e la competenza, l'empatia e la passione nel proprio lavoro.

**Errori da cui imparare**
*Qual è stato l'errore più importante che ha commesso e che cosa ha imparato da quell'errore?*

Creare filiali nei centri commerciali perché non hanno portato i risultati sperati. In più, riguardo ai potenziali affiliati, il titolare dell'agenzia deve avere il profilo giusto per noi.
Alle volte è stato difficile trovarlo. Infatti, il "matrimonio" è un passo che si compie in due e il connubio perfetto è il patentino del 'saper fare', perché i soli prodotti e servizi offerti di qualità non sono sufficienti.

**Sfide**
*Qual è stata la sfida che ha affrontato e come l'ha superata?*

L'obbligo di legge tra privati e verso i consumatori e l'adeguamento anche al sistema della fatturazione elettronica.
La Commissione Europea si è resa conto che tutelare le persone era l'unica strada da seguire. La liberalizzazione del mercato che è stata

l'Unione stessa ad implementare, e che ha investito anche e soprattutto il nostro settore, non poteva non accompagnarsi a contromisure serie per la responsabilizzazione delle aziende.

Al di là di tutto, lo spettro di strumenti *Money Transfer & Mobile Payments*, mi riferisco soprattutto al *MyPos*.

Le criticità individuate dal Garante sono state infatti di natura istituzionale, senza *compliance* né le aziende, né gli intermediari, né la stessa Agenzia delle Entrate hanno il diritto di conservare e trasmettere i dati implicati da ogni pagamento.

Il nostro sistema è stato dotato, proprio per questo, di virtù uniche (capacità di inviare e ricevere bonifici, *revolving*, incasso in tempo reale su conto dedicato e carta personale, etc.), in più è ecosostenibile e sicuro, altrimenti non staremmo qui a parlare di una soluzione *all-in-one*.

Per andare lontano c'è quindi bisogno per ogni mercato e *business* specifico della coscienziosità di mettere la sicurezza al primo posto.

## Successo

### Quale ritiene sia stato il suo successo più importante?

Sicuramente la *partnership* con Groupama Assicurazioni S.p.A. dopo due anni di incontri, riunioni, approfondimenti, scambio di documenti e *due diligence*.

Poi, anche il percorso, costellato di impegno, passione e innovazione, affrontato fino a ora, che si può sintetizzare in queste parole: «Dove tieni la mano devi tenere la testa, dove tieni la testa devi tenere il cuore, altrimenti il lavoro non viene bene».

## Futuro

### Quali sono i suoi obiettivi futuri?

Stiamo lavorando per concludere altre *partnership* importanti sulla falsariga di Groupama nelle altre *Business Unit*, così da sviluppare il nostro progetto non solo sul versante *B2B* ma anche e soprattutto sul versante *B2C* aumentando le fidelizzazioni, i consensi e la qualità dei prodotti erogati.

# Capitolo 45
# Urban Fitness

La storia del progetto in *franchising* e del *brand* Urban Fitness, uno dei maggiori *network* nel settore del *fast fitness* con una forma di allenamento tramite elettrostimolazione, è raccontata da Federico Servadio, socio fondatore del marchio.

Oggi la rete conta, nel nostro Paese, oltre sessanta centri in tutta Italia e il mercato estero è in esplorazione in Europa.

**Come nasce Urban Fintess**
*In che anno avete lanciato la vostra attività aziendale e quando avete avviato il progetto in franchising?*

Abbiamo lanciato l'attività nel 2014, con l'apertura del primo centro, e a partire dal 2015 abbiamo iniziato il progetto di sviluppo in *franchising*.

**L'idea**
*Come è nata l'idea?*

L'idea è nata da un viaggio in Germania, dove la tecnologia EMS (elettrostimolazione) era già molto sviluppata.
Dopo questo viaggio, ho deciso di essere tra i primi a portarla anche in Italia.

Siamo partiti con il primo centro a Milano, dove i clienti potevano allenarsi in soli venti minuti e ottenere i risultati di due ore di palestra.

**Strategie**
*Quali sono state le strategie e i segreti della crescita del format?*

Non c'è nulla di segreto, ma i miei punti di forza sono il personale e la durata dell'allenamento: soli venti minuti di attività.

**Errori da cui imparare**
*Qual è stato l'errore più importante che ha commesso e che cosa ha imparato da quell'errore?*

L'errore più importante è stato arrivare sul mercato italiano troppo tardi rispetto all'Europa e di aver intrapreso, almeno inizialmente, uno sviluppo troppo lento.

**Sfide**
*Qual è stata la sfida che ha affrontato e come l'ha superata?*

La sfida più importante è stata l'aver portato un *business* completamente sconosciuto in Italia.

**Successo**
*Quale ritiene sia stato il suo successo più importante?*

Aver affermato un *brand* riconosciuto in soli 3 anni.

**Futuro**
*Quali sono i suoi obiettivi futuri?*

Penetrare al meglio e più capillarmente il nostro territorio portando le aperture dei nostri centri a cento entro il 2020.

Contemporaneamente anche l'esplorazione dei mercati esteri, in Europa.

# Capitolo 46
# Anytime Fitness

 La storia del progetto in *franchising* e del *brand* Anytime Fitness, uno dei maggiori *network* nel settore del *fitness* con il suo *concept* di palestra innovativo, è raccontata da Roberto Ronchi, chief operating officer del marchio in Italia.
Oggi la rete conta nel nostro Paese, 18 club affiliati e 2 diretti e nel mondo è presente in 37 Paesi con oltre 4.500 club e più di 4 milioni di iscritti.

**Come nasce Anytime Fitness**
*In che anno è stata lanciata l'attività aziendale e quando è stato avviato il progetto in franchising? Quando invece avete acquisito la licenza del marchio in Italia?*

Anytime Fitness nasce negli Stati Uniti nel 2002 da un'idea di Dave Mortensen e Chuck Runyon che, dopo aver acquistato un *fitness club*, lanciano un innovativo *concept* di palestra con formula d'apertura 24/7, rivoluzionando il mondo del *fitness* e portando rapidamente il marchio al successo.
La società Anytime Italia s.r.l. nasce invece nel 2016, anno in cui abbiamo acquisito la licenza d'uso del marchio per lo sviluppo della rete nel territorio italiano.
È composta da due imprenditori italo-australiani (Domenic Mercuri, Rino Centrella) e un terzo socio italo-venezuelano (Daniel Pagnoni). Ciò che sono riusciti a realizzare e che li accomuna è il sogno di fare *business* nel loro Paese d'origine.

**L'idea**
*Come è nata l'idea?*

Alla base della scelta di investire in Italia non c'è soltanto il forte legame con il Paese di origine ma soprattutto le prospettive di espansione offerte dal mercato del *fitness*, caratterizzato dall'assenza di un'offerta equiparabile alla nostra.

**Strategie**
*Quali sono state le strategie e i segreti della crescita del format?*

Il successo di Anytime Fitness si basa sull'offerta di servizi unici con un ottimo rapporto qualità-prezzo.
Apertura 7 giorni su 7, 24 ore su 24, 365 giorni all'anno, macchinari di ultima generazione, ampio uso di tecnologie innovative, sistema di sicurezza all'avanguardia con videosorveglianza h24 e spogliatoi in grado di offrire il massimo livello di *privacy* agli utenti.
Al momento dell'iscrizione il cliente riceve inoltre una chiave magnetica che consente l'accesso alle palestre di tutta la rete, non solo a qualsiasi ora ma ovunque nel mondo, qualora ci si trovi in viaggio per lavoro o per vacanza.
Lato *franchisee*, l'offerta di affiliazione si rivolge in prevalenza a imprenditori (non necessariamente con esperienze specifiche nel settore), *manager* o professionisti che vogliono avviare in prima persona un nuovo *business* attraverso il quale migliorare la propria vita.
Ogni affiliato entra a far parte di una vasta comunità nazionale e internazionale e ha l'opportunità di condividere le proprie esperienze, confrontarsi per crescere ed evolversi mettendo insieme valori, energie, passioni e competenze.
Con questa attività assicuriamo un ritorno sull'investimento fino al 30 per cento nei primi tre anni. La validità del modello è confermata dal fatto che il 60 per cento dei nostri *franchisee* possiede più di una palestra. Questo successo venne già sancito nel 2013 con alcuni importanti riconoscimenti attribuiti all'azienda dalle prestigiose riviste

*Forbes* e *Fortune* e suggellato definitivamente con la conquista per tre edizioni consecutive del primo posto nella classifica *Entrepreneur Franchising 500*, che ogni anno premia il *Miglior Franchising del Mondo* per solidità finanziaria e tasso di crescita.

**Errori da cui imparare**
*Qual è stato l'errore più importante che avete commesso e che cosa avete imparato da quell'errore?*

La difficoltà più importante che abbiamo dovuto affrontare è stata quella di adeguare un prodotto globale alla nostra realtà nazionale.
Ogni Paese ha regolamenti e normative differenti, pertanto allineare il *format* ai requisiti locali ci ha sicuramente impegnati più di quanto avremmo immaginato, insegnandoci a non dare nulla per scontato e a non lasciare alcun particolare al caso.

**Sfide**
*Qual è stata la sfida che avete affrontato e come l'avete superata?*

La prima barriera da superare è stata quella di inserirsi in un settore tendenzialmente inesplorato e vergine, dove prevalgono tuttora piccole realtà e micro-operatori. Proprio da questa situazione deriva la principale sfida che consiste nel convincere i potenziali soggetti interessati che affiliarsi a un marchio così potente e legarsi a una realtà globale, possa portare grandi vantaggi e *benefit* reali e misurabili.
Nel quotidiano, ci aiutano a superare questa sfida le molteplici testimonianze e storie di successo, sia a livello locale che internazionale.
Il *success rate* del nostro *format* di *business* è pari al 96 per cento!

**Successo**
*Quale ritiene sia stato il suo successo più importante?*

Il successo più importante è sicuramente rappresentato dalla crescita esponenziale che questo *format* ha avuto a livello globale e che fortunatamente si sta verificando anche in Italia attraverso uno sviluppo molto rapido, destinato a raddoppiare entro la fine del prossimo anno.

**Futuro**
*Quali sono gli obiettivi futuri?*

Abbiamo nuove aperture già programmate entro la fine dell'anno a Torino, Bologna, Francavilla, Legnano.
Per il prossimo anno prevediamo un piano di sviluppo strategico caratterizzato dalla ricerca di nuovi affiliati, in particolari aree territoriali tra cui Veneto, Emilia-Romagna e Toscana.
Il macro-obiettivo resta comunque quello di raggiungere più di 50 club aperti entro il 2020 e di diventare il primo *brand* di *fitness* in *franchising* anche nel nostro Paese.

# Capitolo 47
## Caffè Napoli

La storia del progetto in *franchising* e del *brand* Caffè Napoli, uno dei maggiori *network* italiani nel settore della caffetteria napoletana, è raccontata da Mauro Compagnoni, co-fondatore del marchio. Oggi la rete conta, nel nostro Paese, circa diciannove punti aperti, soprattutto nel Nord Italia, di cui sette in affiliazione e i restanti a gestione diretta. All'estero è presente con un punto diretto a Londra.

**Come nasce Caffè Napoli**
*In che anno ha lanciato la sua attività aziendale e quando ha avviato il progetto in franchising?*

Abbiamo aperto Caffè Napoli nell'aprile del 2015 con il primo punto vendita a marchio in Largo La Foppa a Milano e il progetto di *franchising* è partito circa due anni dopo, nel settembre del 2017 con un altro punto in Via Santa Croce, sempre a Milano.

**L'idea**
*Come è nata l'idea?*

L'idea parte, da tre soci, oltre me, mio fratello Fabio e Francesco Fiandra, la quota napoletana del gruppo.
Venivamo tutti dal mondo del *digital* e avevamo voglia di iniziare un'attività nel settore del *food*. Era l'anno prima dell'Expo di Milano, quindi parliamo della fine del 2013 e inizio del 2014, che

rappresentava un periodo giusto per entrare in questo mercato. Ci si sono presentate molte opportunità ma alla fine abbiamo deciso di aprire un *format* incentrato sul caffè napoletano.

L'idea nasce a Pozzuoli, dove un cugino di Francesco - anche lui socio di minoranza -, possiede un piccolo bar molto famoso sul lungomare della città.

Proviamo il suo caffè, ne restiamo affascinati, così decidiamo di creare Caffè Napoli, un *format* che guarda al futuro e si discosta da quel *design* anni '70 di tanti bar campani.

Il *concept* racchiude la vera essenza della napoletanità, con un *layout* che richiama i luoghi campani, dalle maioliche, al grande bancone che dà su strada, molto in voga nel Sud, alle pareti blu. L'intenzione era di portare al Nord l'espresso napoletano, che si discosta molto da quello milanese, vista la preparazione con macchina a leva e una miscela di 80 per cento arabica e 20 per cento robusto, che lo rende molto più corposo e forte.

**Strategie**
*Quali sono state le strategie e i segreti della crescita del format?*

La strategia oggi è l''espansione del progetto in *franchising* attraverso accordi di *master franchisee* con gruppi internazionali per gli aeroporti, le stazioni e i centri commerciali, prima in modo diretto. In Italia continueremo a Nord e man mano scenderemo anche a Sud.

**Errori da cui imparare**
*Qual è stato l'errore più importante che ha commesso e che cosa ha imparato da quell'errore?*

Forse una criticità è che venivamo tutti da altri settori, ma di grossi errori non ce ne sono stati, o per meglio dire, tutti abbastanza riparabili. È normale che bisogna avere la capacità di cambiare il *format* e adeguarsi alle esigenze del mercato. Noi siamo felici di esserci riusciti pur mantenendo sempre la veridicità del *concept* dove il *core business* è sempre il caffè espresso.

**Sfide**
*Qual è stata la sfida che ha affrontato e come l'ha superata?*

Non perdere l'identità del nostro Caffè Napoli nonostante abbiamo ampliato l'offerta con colazioni, pasticceria e con il *pasta bar*. A Bergamo abbiamo aperto recentemente, in un centro commerciale, con quest'ultimo *format*, che serve una clientela più ampia (soprattutto per l'estero). Una sorta di *fast food*, dove il cliente può scegliere la tipologia di pasta fresca, che ricorda comunque Napoli e la dieta mediterranea, e il condimento da abbinare, con un bicchiere di vino oppure un *soft drink*, senza servizio al tavolo e da *monitor*.
Sta andando molto bene, questa è stata l'ennesima sfida che abbiamo vinto e il punto di partenza per le varie declinazioni del *format*: dal chiosco, alla pasticceria dolce e salata "take to go", alla caffetteria e poi il pasta bar che comprende tutto.

**Successo**
*Quale ritiene sia stato il suo successo più importante?*

La rimodulazione del bar, così com'è stata una sfida è stato anche un successo. I clienti sono sempre più esigenti e noi abbiamo dato loro la possibilità di vivere l'esperienza del caffè a Napoli, dove l'ambiente fa la differenza con un locale ricercato, un personale formato dalla scuola Caffè Napoli, con musica dalla nostra radio e con nostre *compilation*.

**Futuro**
*Quali sono i suoi obiettivi futuri?*

Il futuro è la sfida della pasta in cui crediamo molto. Continuare a guardare le tendenze e capire le esigenze del cliente.

L'obiettivo è sicuramente aprire nuovi punti in Italia, ma anche e soprattutto nel mondo, per questo cerchiamo *partner* strategici per poterci aprire a questa tipologia di mercato.

# Capitolo 48
# Doppio Malto

 La storia del progetto in *franchising* e del *brand* Doppio Malto, uno dei maggiori *franchisor* nel settore della ristorazione con produzione propria di birra artigianale, è raccontata da Giovanni Porcu, *founder* e CEO di Foodbrand S.p.A. che detiene il marchio.

Oggi la rete conta, nel nostro Paese, quattordici ristoranti inaugurati in poco più di due anni, di cui undici diretti e tre in affiliazione e un piano strutturato di aperture in questo 2019.

Per il mercato estero invece, in fase di valutazione, è prevista l'apertura di un *punto vendita* a Lione, in Francia, entro il 2020.


**Come nasce Doppio Malto**
***In che anno è stata lanciata l'attività aziendale e quando è stato avviato il progetto in franchising?***

Nel 2016, con l'acquisizione da parte di Foodbrand, società con decennale esperienza nello sviluppo di *format* di ristorazione, inizia la crescita su scala nazionale del marchio Doppio Malto, che porta all'apertura di locali dove la birra è protagonista insieme a un cibo semplice e genuino: carni alla brace, dolci fatti in casa, burger di carne fresca e ricette in cui la birra è un ingrediente speciale.

Lo sviluppo in *franchising* inizia nel 2017, con l'apertura di due locali in affiliazione. Nei prossimi mesi è prevista l'apertura di nuovi punti vendita in *franchising*, sicuramente a Trieste, Roma e Parma.

**L'idea**
*Come è nata l'idea?*

Ho incontrato il mondo Doppio Malto quando era soltanto una fabbrica di birra in provincia di Como, ad Erba. Da imprenditore ho intuito subito l'enorme potenziale e la scalabilità del *format*. Il punto di forza è sicuramente quello di essere un marchio manifatturiero che approda al mondo del *food retail*. Doppio Malto era ed è una realtà che produce birra artigianale pluripremiata, stiamo infatti costruendo un nuovo birrificio in Sardegna che a regime consentirà una produzione di cinque milioni di litri, fondamentale per sostenere lo sviluppo della rete di locali. Questo significa controllare il proprio prodotto di punta, la birra appunto, e avere il *know-how* per realizzare proposte innovative. Significa creare piatti in cui la birra è usata come un ingrediente speciale ma anche promuovere la cultura della birra artigianale italiana, organizzando momenti didattici e di degustazione guidata.

**Strategie**
*Quali sono state le strategie e i segreti della crescita del format?*

Si cresce, in termini numerici, trovando buone *location* e *staff* preparato. Ma non sono questi elementi a costituire l'oggetto della promessa che facciamo al nostro pubblico. L'eccellenza del prodotto e del servizio, in un mercato enormemente vasto come il nostro, è una condizione scontata. Per essere destinatari di una scelta, di una preferenza, per ospitare il miracolo di una persona che esca di casa per venire da noi dobbiamo promettere qualcosa di più. Ecco, è su questo che si concentra oggi maggiormente il nostro lavoro sul *brand* Doppio Malto. Questo significa che ogni ristorante del gruppo è unico. Che è legato al territorio che lo ospita, dal quale si fa continuamente "contaminare", in termini di offerta di prodotto come di eventi. Quindi ogni dettaglio dei nostri locali, così come dei nostri piatti è oggetto di un racconto vivace e continuo, che è affidato principalmente a quegli *ambassador* insostituibili che sono i nostri collaboratori.

**Errori da cui imparare**
*Qual è stato l'errore più importante che ha commesso e che cosa ha imparato da quell'errore?*

Di errori è costellata la vita di un marchio e quella di un imprenditore. Di sicuro l'errore che più spesso commettiamo è quello di pensare che ci sia qualche ambito o momento della nostra attività in cui il cliente non è al centro del nostro lavoro.

**Sfide**
*Qual è stata la sfida che ha affrontato e come l'ha superata?*

Cercare i giusti compagni di viaggio e i giusti *partner* d'impresa. Lo facciamo con grande convinzione in un momento in cui il nostro marchio è solido e già in forte crescita.

**Successo**
*Quale ritiene sia stato il suo successo più importante?*

In questi anni abbiamo calibrato in maniera certosina la proposta del nostro *format*: non solo un luogo dove mangiare e bere bene, ma un luogo dove passare del tempo di qualità, un posto felice che mette al centro l'esperienza del cliente. I risultati sono arrivati e siamo certi di poter crescere ulteriormente grazie all'accelerazione sul *franchising*, imprescindibile per un marchio con grandi aspirazioni come il nostro, che pure continua il suo piano di espansione di locali a gestione diretta.

**Futuro**
*Quali sono i suoi obiettivi futuri?*

Puntiamo in maniera decisa sull'affiliazione commerciale. L'obiettivo è aumentare notevolmente i punti vendita in *franchising* fino a raggiungere cinquanta nuove aperture in affiliazione nei prossimi cinque anni. Fondamentale in questo percorso sarà l'estero perché

Doppio Malto è a tutti gli effetti un *format* "Made in Italy" da esportazione.

# Capitolo 49
## Selfie Box

La storia del progetto in *franchising* e del *brand* Selfie Box, *network* italiano nel settore dei *photo booth* e degli eventi, è raccontata da Gianfranco Marotta, fondatore del marchio. Oggi la rete conta, nel nostro Paese, ventisette attività in *franchising* e una a gestione diretta. Il mercato estero è ancora in fase di valutazione anche se al momento, per scelte aziendali, la rete è presente solo in Italia.

**Come nasce Selfie Box**
***In che anno ha lanciato la sua attività aziendale e quando ha avviato il progetto in franchising?***

Il nostro *brand* nasce nel 2012 inizialmente come sede unica e a ottobre del 2017 decidiamo il lancio e lo sviluppo della rete in *franchising*. Con il nostro dispositivo dotato di tecnologia integrata con *Facebook* e *Instagram* che scatta e stampa in tempo reale foto in alta definizione condividendole immediatamente sui principali social, abbiamo portato sul nostro territorio una rivoluzione nel vivere gli eventi, con personalizzazione e divertimento.

**L'idea**
*Come è nata l'idea?*

L'idea nasce a seguito di alcuni viaggi di lavoro sia in America che nel Regno Unito, e così abbiamo deciso di portare la moda del *photo booth* anche qui. Grazie alla condivisione sui social abbiamo trasformato un oggetto ludico, ideale per eventi privati, in un potente strumento di *marketing*, utilissimo per eventi aziendali. Con il *photo sharing* sulle *fanpage* aziendali, infatti, aiutiamo le società aumentando i *like*, i *follower* e la conversione sulle loro pagine, migliorando del 60 per cento l'*engagement* con la propria *audience* di riferimento.

**Strategie**
*Quali sono state le strategie e i segreti della crescita del format?*

La nostra azienda vanta un reparto di sviluppo e ricerca interni, dove crea dispositivi unici sul mercato, come ad esempio, il nostro *photo booth*, totalmente integrato, che si regola in altezza in base al soggetto ritratto, pertanto risulta ideale anche per bambini e le persone diversamente abili. Inoltre, sviluppiamo dispositivi specifici, progettati per categorie di settore quali ad esempio *hospitality*, *fashion* e *food*.

**Errori da cui imparare**
*Qual è stato l'errore più importante che ha commesso e che cosa ha imparato da quell'errore?*

Non aver sviluppato la nostra rete *franchising* già dal primo anno di attività.

**Sfide**
*Qual è stata la sfida che ha affrontato e come l'ha superata?*

Offrire sempre soluzioni alternative, per abbattere il muro di una concorrenza importante.

**Successo**
*Quale ritiene sia stato il suo successo più importante?*

Lo sviluppo veloce della nostra rete in *franchising*.

Aprire in soli diciotto mesi ventotto *point* in Italia, superando le nostre previsioni di venti *point* in tre anni.

**Futuro**
*Quali sono i suoi obiettivi futuri?*

Gli obiettivi principali sono l'apertura al mercato estero e lo sviluppo di nuove tecnologie per anticipare le tendenze del mercato e soddisfare le esigenze dei nostri clienti e dei nostri affiliati.

# Capitolo 50
# KEnovo

La storia del progetto in *franchising* e del *brand* KEnovo, uno dei maggiori *franchisor* nel settore della tecnologia, computer, *smartphone* e *device* elettronici nuovi e rigenerati, è raccontata da Maged Nashed, fondatore della Ex Novo Computer e proprietario del marchio KEnovo.

Oggi la rete conta ventuno punti vendita nel nostro Paese di cui venti con la formula di affiliazione in *franchising* e uno a gestione diretta. Per quanto riguarda l'estero, il mercato è ancora in fase di valutazione.

## Come nasce KEnovo
### *In che anno ha lanciato la sua attività aziendale e quando ha avviato il progetto in franchising?*

L'attività aziendale ha inizio nel 2003 con la fondazione di Ex Novo Computer, mentre il lancio del *brand* in *franchising* avviene agli inizi del 2018.

## L'idea
### *Come è nata l'idea?*

L'idea nasce da una forte passione per l'informatica e un grande amore per l'ambiente in cui viviamo. Da qui creo Ex Novo Computer ancora prima dell'avvento dello *smartphone*. Dopo quindici anni di esperienza consolidata nel settore, nasce il nostro progetto *franchising* che racchiude una formula studiata per il consumatore, in grado di offrire una vasta gamma di *device* rigenerati e un laboratorio per assistenze *express*.

**Strategie**
*Quali sono state le strategie e i segreti della crescita del format?*

Essendo un progetto in *franchising* di prodotti *high tech* di qualità abbiamo prezzi imbattibili. La *mission* è essere il punto vendita di fiducia per acquistare apparecchi delle migliori marche sul mercato con vasto assortimento di modelli rigenerati e nuovi, a prezzi concorrenziali e che rispondano ai desideri di una richiesta in costante crescita. Intercettiamo una richiesta sempre più diffusa dei consumatori e ci adoperiamo attraverso campagne di *marketing* affinché la cultura del rigenerato divenga sempre più ampia.

**Errori da cui imparare**
*Qual è stato l'errore più importante che ha commesso e che cosa ha imparato da quell'errore?*

Aver sottovalutato alcuni servizi da poter offrire all'interno del punto vendita. Da qui abbiamo imparato che la vendita non è legata solo e unicamente al prezzo, ma un servizio serio e professionale può fare la differenza e contraddistinguerci dal mercato spietato del web.

**Sfide**
*Qual è stata la sfida che ha affrontato e come l'ha superata?*

Il progetto nasce da zero e con un piano di sviluppo moderato, con circa dieci aperture all'anno, superata quindi la fase iniziale e lo scetticismo degli investitori, gli obiettivi di questo 2019 sono stati tutti raggiunti con un semestre di anticipo.

**Successo**
*Quale ritiene sia stato il suo successo più importante?*

L'apertura del primo punto vendita KEnovo, dove dubbi, paure e incertezze sono stati spazzati via da un grande successo con *record* di incassi e file davanti allo *store* che sono partite dalle prime ore del mattino, circa dieci ore d'anticipo sull'orario di apertura.

**Futuro**
*Quali sono i suoi obiettivi futuri?*

Fortificare e spingere sempre di più sul piano di sviluppo della rete *franchising*. Puntiamo infatti al raggiungimento dei cento punti vendita su tutto il territorio nazionale nei prossimi anni. Poi, magari, penseremo anche all'inserimento in mercati esteri.

# Capitolo 51
## La 51esima storia potrebbe essere la tua!

Questo libro è il percorso di una storia, quella del *franchising* italiano, lunga 50 anni.

Abbiamo scoperto insieme, attraverso tutti i racconti dei maggiori *player* del settore nelle diverse categorie merceologiche, che il *franchising* non è solo *business* e sviluppo rete, ma che dietro ogni marchio c'è una storia, una sfida, degli errori, voglia di guardare al futuro, e che il fattore determinante per il raggiungimento del successo sono proprio le *persone* che ne fanno parte.

Persone che si impegnano ogni giorno, che hanno sogni, obiettivi, che credono nei propri valori e nel valore delle proprie aziende e del proprio lavoro, che hanno avuto il coraggio di osare e di innovare.

Con questo significa che la formula *franchising* può essere adatta a chiunque e in qualunque situazione?

Potrebbe sembrare 'discriminante' ma la risposta è chiaramente: «No»!

Se hai letto tutte le storie che ti abbiamo raccontato, avrai potuto notare che uno degli errori più ricorrenti e più raccontati dai fondatori, dagli amministratori delegati, dai direttori commerciali, dai *master franchisee* e dai responsabili di sviluppo, di ogni rete, è stato scegliere persone con poca capacità imprenditoriale. Ovviamente non intesa come capacità di investimento economica, ma proprio *skill* personali per far fronte alle esigenze, alle sfide, alle decisioni e ai sacrifici che lo sviluppo corretto di una rete in *franchising* impone.

Si potrebbe parlare di: comunicazione, motivazione, *leadership*, responsabilità, capacità di lavorare in *team* e gestirlo, *problem solving*, risolutezza, gestione del tempo, capacità di lavorare sotto pressione, flessibilità, capacità di negoziare e di appianare i conflitti.

Dove ognuna di queste voci crea una rete perfetta per poter fare la differenza tra un probabile "successo" e un probabile "fallimento".

E Tu possiedi queste *skill*?

Se la risposta è "no", non preoccuparti, perché è sempre possibile allenarle, sia chiaro! Per essere pronti ad affrontare un percorso, quello dello sviluppo di un'idea in *franchising* e della rete o di una affiliazione in *franchising*, che potrebbe cambiare la tua vita e quella di tante altre persone.

Il *franchising* è capacità imprenditoriale e capacità di guidare la propria squadra nella direzione giusta, ma è anche e, soprattutto, preparazione personale e studio continuo del mercato.

Proprio per questo, e proprio perché una delle intenzioni alla base dell'idea di questo libro è essere utile a chi ha intenzione: di entrare in questo mondo come *franchisor* o come *franchisee*, o a chi ne fa parte da poco tempo, di partire con il piede giusto, di ricevere tutte le notizie necessarie per commettere meno errori possibili (anche se come abbiamo visto la maggior parte delle volte da un errore si impara e si cresce) nell'entrare in una rete *franchising* o di trasformare la propria idea in un *franchising*, abbiamo deciso di raccogliere anche delle testimonianze di consulenti che operano nel settore da anni e che potranno ulteriormente fare chiarezza sul miglior percorso da seguire.

**Giuseppe Bonaccorso**
**"Sviluppo Franchising"**

Sono nato a Foggia, il 13 dicembre del 1983, e dopo il mio percorso di studi ho conseguito due master in Marketing e Comunicazione alla *Business School* del 'Sole24Ore'.

Professionalmente sono nato come giornalista e scrittore di testi commerciali e pubblicitari, ma ho sempre desiderato lavorare nel *marketing* e nel settore del *franchising*. Convinzione maturata completamente dopo aver partecipato ai master che hanno completato il mio ciclo di studi. Questo perché tra persone a me vicine, sin dai tempi dell'università, ho potuto conoscere da vicino il mondo delle reti in *franchising* e ho saputo apprezzare gli stimoli e le sfide (ma anche le soddisfazioni) che queste avevano da offrire.

Tuttavia, ho voluto approfondire i nuovi scenari del *marketing*, quelli legati al mondo del web e del digitale. Sapevo che il futuro della comunicazione e le sfide per il mercato sarebbero stati lì. Questo è stato il motivo che mi ha spinto a formarmi, anche sacrificando affetti e, all'inizio, la mia area di *comfort*.

Mi ero rimesso in gioco e volevo vincere la partita.

Quindi, prima di inserirmi nel settore, ho capito anche che la mia specializzazione sarebbe stata utile dal momento che il *digital marketing* era agli albori. Mi sono immerso in questo mondo nuovo e al tempo stesso pieno di potenzialità, mi sono guardato intorno per capire come e dove impiegare le mie passioni e le mie competenze. Tra le varie possibilità, "Sviluppo Franchising" ha attirato la mia attenzione per la sua reputazione e per il suo approccio dinamico e moderno alla consulenza. Ho inoltrato la mia candidatura e si è dimostrata la scelta giusta perché si trattava e si tratta di un'azienda capace di fornire gli strumenti necessari allo sviluppo di una *start up* come di una catena consolidata.

Oggi, dopo diversi anni di collaborazione, in Sviluppo Franchising sono Project Manager e Digital Marketing Manager, occupandomi di strategie di *marketing* e di *digital marketing* per *start up* e catene in *franchising*.

Avevo varie possibilità e ho fatto la mia scelta, che si è dimostrata più che oculata.

**I mici consigli come consulente**

A fronte della mia esperienza nel settore, ecco alcune riflessioni che potrebbero essere di aiuto a chi ha intenzione di intraprendere questo percorso di *business* e non solo, perché è molto di più.

Se mi si chiedesse "cos'è per me il *franchising*"*?* non esiterei a rispondere che per me la sua essenza è racchiusa in una frase del poeta inglese John Donne: «Nessun uomo è un'isola, completo in se stesso; ogni uomo è un pezzo del continente, una parte del tutto».

**Perché un imprenditore dovrebbe decidere di lanciarsi nel mondo del *franchising*?**

Perché è uno dei modi più dinamici e interessanti per espandere il proprio *business*. Spesso si associa il *franchising* unicamente ad attività di ristorazione o al massimo di vendite al dettaglio. Ma posso affermare che, oggi, se si ha un sistema collaudato e replicabile, qualsiasi *business* può essere replicato in *franchising*, che è una strategia di espansione, non un punto di arrivo.

**I vantaggi dell'avviare un'attività in *franchising*?**

Per un affiliato, questa formula permette di abbattere i rischi di impresa. Gli "errori" più critici sono già stati commessi dalla casa madre e quindi l'esperienza (il cosiddetto *know-how*) è il vero cuore e tesoro di un'offerta *franchising*. Chi desidera aprire un'attività dovrebbe sempre porsi questa domanda: «Voglio fare *business* o voglio dare vita a una mia creatura»?

Se la risposta è "sì" alla prima domanda, allora entrare in una rete in *franchising* è la scelta migliore che si possa prendere; se la risposta è "sì" alla seconda domanda invece, allora ci ritroveremo come *franchisor* un giorno, chissà?

A tal proposito, mi piacerebbe parlare di una delle nostre *best case* più recenti, per spiegare in concreto di che cosa stiamo parlando, "I Love Panzerotti".

Si tratta di un *format* nato a New York e specializzato nella preparazione e somministrazione del panzerotto pugliese rivisitato da uno *chef*.

L'obiettivo del *management* era quello di espandersi, le strade avrebbero potuto essere due: con punti diretti e/o in *franchising*. In realtà spesso si tratta di vie complementari, che non si escludono a vicenda. Per un *franchisor* avere comunque anche una piccola realtà di *store* diretti è un elemento che aiuta direttamente lo sviluppo della futura rete.

Per realizzare il loro sogno si sono rivolti a noi per avere la consulenza necessaria al fine di presentare un progetto organico e coerente per un *crowdfunding* "family and friends" e con questo sono stati raccolti più di 1 milione di dollari che hanno permesso di aprire i primi due punti diretti (con un terzo in dirittura di arrivo), nonché di partecipare, per l'anno 2019/2020, alle più importanti fiere del settore nel mondo.

Questo lo consideriamo più che un vero *best case*, perché comunque oggi sembra che la più grande difficoltà delle *start up* in *franchising* sia il credito, la disponibilità finanziaria, invece si è dimostrato in questo caso che è possibile raccogliere capitali liquidi se il progetto ha i criteri adeguati per interessare il mercato.

**Giuseppe Bonaccorso**
E-mail: g.bonaccorso@sviluppofranchising.com
Recapito telefonico: +393209793774
Sito web: www.sviluppofranchising.com
Contatto Linkedin: www.linkedin.com/in/giubonaccorso/

**Antonio Annunziata**
**"REM Retail & Management"**

Nasco a Ottaviano, in provincia di Napoli, il 27 Novembre 1971, sono 'vesuviano'. E qui non so se la geografia giochi la sua parte, ma una cosa è certa, sono vulcanico. Devo creare, devo partorire progetti da zero e portarli al massimo.

Ma attenzione, nel mio caso creatività non è sinonimo di confusione. Io le idee le ho chiare fin da ragazzino, quando con mio padre andavo a trovare mio fratello a Milano e vedevo scorrere davanti a me le insegne luminose dei grandi supermercati del Nord.

Da sempre sapevo che avrei lavorato nel settore del commercio. E in quella manciata di anni che separano l'adolescenza dall'età matura, metto a fuoco che il mio mondo è il *franchising*. Mi chiamavano "Tony Yamamay" a un certo punto, perché il mio percorso nel noto *network* di intimo è stato un importante punto di svolta per me, che il *franchising* ce l'ho nel DNA. Ho scelto l'attività di consulenza per la voglia di misurarmi su nuovi progetti da sviluppare in *franchising*. Posso citare Nau!, Piazza Italia, Yoyogurt, Ecostore, Cover store, Capatoast, 101CAFFE', ecc. Tutti marchi noti, marchi con cui sono cresciuto e che sono cresciuti con me.

Da ragazzo scelgo ragioneria, perché mi avrebbe indirizzato verso le materie economico-aziendali. Mi laureo in Economia del commercio internazionale, orientato al *marketing* e alla distribuzione.

Poi sì, lo ammetto, anche io ho provato il concorso in banca (su consiglio di mia madre). Supero gli esami scritti. Ma il giorno degli orali sono alla *Mib Business School* di Trieste, a partecipare alle selezioni del primo e unico master dedicato al *franchising* finanziato dalla Comunità Europea.

E intanto ho già iniziato a collaborare con Camomilla Italia, tuttora uno dei *brand* attivi dell'abbigliamento in *franchising*.

Vengo selezionato tra gli studenti per il master e nel 1998 ottengo il diploma. Concluse le lezioni in aula a Trieste, il tirocinio in azienda è alla Nike, a Reggio Emilia, dove mi occupo di *trade marketing* seguendo una formula vicina al *franchising corner*.

Mi ero innamorato dell'affiliazione commerciale ma avevo chiaro che le aziende del settore non erano ancora strutturate. E così accetto la proposta di Bolton Group, multinazionale con sede a Milano, che produce e commercializza prodotti di largo consumo: devo imparare come funzionano le realtà organizzate.

Quello stesso giorno mi chiamano anche in Oviesse. Ma scelgo la Bolton. Entro nel settore vendite, accettando di tornare in Campania, perché la complessità della distribuzione che caratterizza la mia regione di origine è una palestra ineguagliabile. Mi muovo con il mio borsone da venditore, con i flaconi dell'Omino Bianco e il computer.

Potevo incontrare i *manager* in giacca e cravatta della GDO e aspettare ore negli *hangar* al freddo per un appuntamento con i grossisti.

Faccio carriera velocemente, ma voglio andare a vedere che cosa c'è a monte, cerco la sfida del *marketing* e la vinco. Divento *product manager*. Ma intanto, il *franchising* è un pensiero fisso, batte in testa, è il mio obiettivo!

Mantengo i contatti con Luciano Cimmino, pioniere del *franchising* in Italia, che avevo conosciuto in aula al tempo dell'università quando era venuto a presentarci il suo progetto di quegli anni, Original Marines. Aveva lasciato i suoi contatti. Aveva detto cerco giovani intraprendenti. Non potevo non accogliere l'invito, ero andato a Mugnano e gli avevo lasciato il mio curriculum. Mi aveva messo in contatto con Francesco Pinto, allora responsabile dell'ufficio legale e *franchising*. Francesco è stato il mio mentore. Mentre ero in Bolton mi chiama e mi parla del progetto Yamamay, allora sulla carta.

È il giugno 2001. Da settembre a dicembre l'azienda apre quindici punti vendita. A novembre 2001 do le dimissioni ed entro in Yamamay, divento responsabile dello sviluppo *franchising*. È il mio pane, ci metto anima e cuore. A 29 anni ho iniziato la sfida operativa nel *franchising*, ero la matricola numero 3 in azienda, un anno dopo ero dirigente. In dieci anni l'azienda supera i 550 punti vendita. E io capisco che è tempo di mettermi in gioco di nuovo.

**I miei consigli come consulente**

Credo a tal punto nella formula del *franchsing* che il mio sogno è avviare una mia rete.

**Perché un imprenditore dovrebbe decidere di lanciarsi nel mondo del *franchising*?**
Il *franchising* è la formula distributiva che meglio di tutte si sta dimostrando anticiclica, nel senso che tiene bene e addirittura cresce in momenti di crisi globale. La formula dell'affiliazione commerciale è il presente e il futuro della distribuzione. Forse solo nel settore della ristorazione c'è spazio ancora per iniziative indipendenti ma, la capacità di combinare genialità e ingegnerizzazione dei processi, e quindi la replicabilità del *format* è la carta vincente di una impresa che vuole crescere.

**I vantaggi dell'avviare un'attività in *franchising*?**
Minimizzare il rischio di impresa per il *franchisee*, avvalendosi del *know-how* del *franchisor*. Velocizzazione della crescita, con diffusione capillare sul territorio, anche oltre confine, per il *franchisor*. Ricordiamoci una cosa però: anche questa formula si trasforma. Dove sta andando? È il rapporto tra *franchisor* e *franchisee* a cambiare, orientandosi sempre più alla *partnership*.

**Antonio Annunziata**
E-mail: antonio.annunziata@remfranchising.it
Recapito telefonico: +393351017377
Sito web: www.remfranchising.it
Contatto Linkedin: www.linkedin.com/in/antonio-annunziata-franchising-specialist

**Ernesto e Fabrizio Lo Russo**
**"Soluzioni Italia srl"**

Siamo due fratelli, ci separano pochi anni all'anagrafe e qualche chilometro di distanza geografica. Io, Fabrizio, continuo a vivere a Napoli, dove siamo nati; Ernesto, il più grande, vive negli Stati Uniti, nello Utah. Insieme abbiamo fondato Soluzioni Italia srl, società specializzata in consulenza aziendale e sviluppo di reti in *franchising*. Abbiamo deciso di dare vita a Soluzioni Italia per la nostra esperienza diretta con la formula dell'affiliazione commerciale. E insieme siamo i migliori *testimonial* del fatto che una rete che nasce già con una vocazione internazionale ha una marcia in più. Soluzioni Italia srl dal 2005 è *master franchisee* per l'Italia di Color Glo. Abbiamo portato nel nostro Paese il marchio, che oggi conta oltre quaranta punti vendita. E poi abbiamo aperto i mercati di Grecia, Spagna, Danimarca, Norvegia, Svezia. Color Glo nasce a Minneapolis, Stati Uniti, nel 1975, ed è specializzata nel restauro e nella riparazione di pelle, similpelle, tessuti, velluti, plastica e alcantara. Ernesto mi ha fatto toccare con mano come i prodotti e i metodi esclusivi di quel *brand* avrebbero potuto rigenerare superfici rovinate. Insieme abbiamo intuito come avrebbe innescato un circolo virtuoso di imprenditoria e lavoro. È così che ho acquisito la licenza del marchio e, nello stesso anno, ho avviato il progetto in *franchising*.

**I nostri consigli come consulenti**

Vado controcorrente, dico 'amare quello che fai' e non 'fare quello che ami'. Qualsiasi cosa nella nostra vita è una scelta che si rinnova ogni giorno, anche quando bisogna accettare qualcosa che non ti piace. Ma poi i risultati arrivano. "To buy a franchise", per dirlo all'americana, non significa comprare il posto fisso, come qualche papà vorrebbe fare per i propri figli, ma mettersi in proprio, minimizzando il rischio di impresa. Anche per questo crediamo nel *franchising* e nel tempo ci siamo specializzati sempre più in questo settore, che è divenuto il *fil rouge* di tutti i nostri progetti: la nostra esperienza ci ha portati a comprendere quanto il *franchising* possa essere: «La migliore scuola d'impresa». Abbiamo capitalizzato il nostro *know-how* contribuendo alla nascita e allo sviluppo di più reti in diversi settori. Ma non solo. Soluzioni Italia è editore di Start Franchising, l'unico *free press* nazionale dedicato al *franchising* e all'imprenditoria, ed è co-organizzatore di Expo Franchising Napoli, la sola manifestazione dedicata al settore nel Centro Sud Italia. È socia di Profit System per lo sviluppo dei *brand* nell'Europa dell'Est.

**Perché un imprenditore dovrebbe decidere di lanciarsi nel mondo del franchising?**
Perché ci crediamo fortemente in questa formula. Sarà anche perché crediamo molto nel gioco di squadra e reputiamo sia la strada migliore per avviare un'attività. A maggior ragione oggi, che è possibile guardarsi indietro e vedere lo storico dei 50 anni della formula in Italia, ma anche le sue *performance* a livello globale, possiamo affermare che il *franchising* rappresenta una formula innovativa e in grado di rispondere con successo anche nei momenti di crisi economica generale. In sostanza, fare impresa con l'affiliazione commerciale significa porre le basi per dare un futuro alla propria attività.

**I vantaggi dell'avviare un'attività in *franchising*?**
Il *franchisor* riesce a diffondere più rapidamente e in maniera capillare il proprio *brand* a fronte di un investimento più contenuto rispetto allo sviluppo di una rete di punti vendita diretti, divide con i *franchisee* il rischio d'impresa e grazie alla presenza degli affiliati in territori specifici riesce ad avere una conoscenza dettagliata dei mercati locali

adeguando l'offerta alle esigenze dei consumatori e migliorando la *customer satisfaction*. Il *franchisee* ha il grande plus di entrare nella scia di un *brand* noto e con un *format* consolidato e già testato sul mercato, ha la possibilità di confrontarsi con altri colleghi che hanno effettuato la sua stessa scelta ma soprattutto usufruisce del *know-how* già sperimentato dal *franchisor*. La cultura d'impresa che si respira in un'azienda in *franchising* vale di per sé l'affiliazione.

**Soluzioni Italia srl**
E-mail: info@soluzioniitalia.it - marketing@soluzioniitalia.it
Recapito telefonico: Tel. 081/282662
Sito web: www.soluzioniitalia.it
Contatto Linkedin: www.linkedin.com/company/soluzioni/

# Capitolo 52
## Vademecum per il franchising
*Segreti, Errori e Sfide degli uomini che hanno fatto la storia di questo settore in Italia*

«L'insegnamento non è solo un freddo passaggio di informazioni, ma è una relazione tra due esseri umani, in cui uno è assetato di conoscenza e l'altro è votato a trasmettere tutto il proprio sapere, umano ed intellettuale».

*Rudolf Steiner*

Si dice che la strada più veloce per imparare sia apprendere direttamente sul campo o anche apprendere da chi ha già maturato più esperienza in una determinata disciplina o settore che dir si voglia.

Immagina: non sarebbe fantastico imparare direttamente da chi è più esperto di te? Non dover intraprendere questo percorso e accorgerti molto dopo di un errore fatale? Non perdere il tuo tempo (il bene più prezioso che abbiamo) e il tuo *focus* in attività e strategie poco vincenti?

Noi che del *franchising* abbiamo fatto il nostro pane quotidiano, lo raccontiamo e lo viviamo ogni giorno, pensiamo di sì. Perché noi stessi avremmo voluto imparare e conoscere tutto ancor prima di dover investire il nostro tempo, le nostre energie e anche i soldi.

Ecco perché abbiamo deciso di dedicare un ultimo capitolo ai 'consigli utili' che potrebbero fare la differenza nel tuo percorso in *franchising*, qualora decidessi di approcciarti a questo mondo. Qui troverai la condensazione dei segreti, degli errori e delle sfide che hanno utilizzato, commesso e superato, gli imprenditori presenti in questo stesso libro durante lo sviluppo del proprio *brand* e della propria rete, nel corso di questi 50 anni di storia del *franchising* in Italia.

## Segreti/Strategie

Quali sono i segreti che hanno aiutato i marchi a crescere e che potrebbero aiutarti nella tua attività?

- ✓ Individua le strategie da seguire e prepara una chiara pianificazione delle politiche da attuare nel lungo periodo.
- ✓ Possedere una rete ben divisa tra punti diretti e punti in *franchising* ti permette di poter estendere ai *franchisee* solo le strategie che hanno prodotto risultati positivi.
- ✓ Sviluppa un buon progetto di internazionalizzazione.
- ✓ Fai le giuste scelte in tema di risorse umane e di investimenti, è l'unico modo per fornire un servizio trasparente, onesto e professionale al cliente.
- ✓ Conosci il tuo cliente tipo: da dove viene, a che generazione appartiene, la sua capacità di spesa. Solo così avrai le informazioni necessarie per adottare una strategia di fidelizzazione vincente e di conseguenza sviluppare una elevata *customer retention*.
- ✓ Focalizzarti solo sul prodotto non ti permetterà di rafforzare l'identità aziendale e rendere il consumatore il tuo ambasciatore.
- ✓ Punta alla tua riconoscibilità e su ciò che ti differenzia dalla concorrenza. Comunica correttamente i tuoi fattori di differenziazione.
- ✓ Credi! Credi nel tuo progetto imprenditoriale e scegli dei collaboratori validi con cui portare avanti programmi, impegni e successi.
- ✓ Ricorda che persone e *location* sono i punti chiave del successo nel *retail*.
- ✓ Trasferisci correttamente il *know-how* maturato ai tuoi affiliati, questo ti permette di creare un *business* solido e un *team* di talento.
- ✓ Utilizza il *good value* come pilastro su cui far ruotare tutta la tua offerta con: prodotti di alta qualità a prezzi accessibili.

- ✓ Non rincorrere il prezzo basso, bensì punta su di un buon rapporto qualità/prezzo che lasci il tuo cliente soddisfatto della scelta e del servizio ricevuto nel tuo punto vendita.
- ✓ Non esistono formule magiche, per creare un grande gruppo e mantenere il suo valore nel tempo devi metterci impegno e avere una chiara *mission*.
- ✓ Una *mission* efficace deve essere collegata al concetto di valore e deve rispondere sostanzialmente a questa domanda: «Come intendo vincere oggi, nel mio *business*»?
- ✓ Crea una standardizzazione dei processi e delle procedure di gestione.
- ✓ Individua la tua nicchia di mercato seguendo: l'alta potenzialità, l'alta domanda e dove l'offerta dei *competitor* risulta poco chiara.
- ✓ Elabora strategie e dinamiche sempre al passo con i tempi.
- ✓ Investi sempre in queste tre aree: formazione, innovazione e qualità.
- ✓ Procedi alla giusta velocità nello sviluppo del progetto *franchising*, è il primo passo che ti eviterà di sbagliare.
- ✓ Ricorda, nonostante tutto la passione contiene a volte più saggezza della "ragion economica".
- ✓ Ascolta tutti attentamente ma poi agisci in base alla tua motivazione che è la "benzina" del coraggio.
- ✓ Accetta eventuali "sconfitte", saranno l'*input* per fare di più e fare meglio.

## Errori

Quali sono gli errori in cui potresti imbatterti e da evitare?

- ✓ Prima regola: sbagliare è naturale. Chi non lavora non commette errori. Sembra banale ma è così. L'importante è imparare da questi.
- ✓ Se dai troppa o poca libertà all'affiliato può essere un'arma a doppio taglio.

- ✓ Non cedere alla fretta, soprattutto nella fase di scelta e di avvio dei tuoi potenziali *franchisee*.
- ✓ Non essere focalizzato solo sul *business* può generare degli squilibri.
- ✓ Mai sottovalutare l'importanza del *brand* soprattutto nel *design* del marchio e del logo.
- ✓ Una buona struttura nel quartiere generale è importante, ma non pensare che sia sufficiente per dare una copertura adeguata a tutti i Paesi in cui potresti essere presente.
- ✓ Non dare nulla per scontato e non lasciare alcun particolare al caso.
- ✓ Presta la giusta attenzione nel selezionare gli affiliati. La scelta dell'affiliato è fondamentale per tenere alti gli *standard* di professionalità e qualità che ti rappresentano. Sii rigoroso nella scelta di chi rappresenterà il tuo *brand*.
- ✓ Attento alle *location* che se poco strategiche possono limitare le *performance* dei tuo negozi.
- ✓ Un errore che si può ripercuotere sui volumi di affari è sviluppare prodotti standard e destinati a tutti i mercati, non considerando il bisogno di referenze "ad hoc" per singolo Paese o territorio.
- ✓ Attento a investire su persone poco strutturate sotto il punto di vista dei valori.
- ✓ Ricorda che nelle reti in *franchising* si può trasferire tutto (nozioni teoriche, buone prassi, metodologie) ma non quel pizzico di imprenditorialità, essenziale in ogni investimento.
- ✓ Posizionati in un segmento specifico del settore che sceglierai. È fondamentale, perché restare in un posizionamento ibrido può scontentare i tuoi clienti, gli affiliati ed esserti fatale.
- ✓ Scegli i fornitori giusti, quelli sbagliati ti comporteranno perdite di denaro ma soprattutto di tempo.
- ✓ Se perdi di vista la qualità dei prodotti e delle materie il fallimento è dietro l'angolo.
- ✓ Non dare per scontato che un ottimo prodotto e il "Made in Italy" bastino per avere successo.

✓ Fai in modo che il tuo affiliato si senta *partner* attivo di un progetto da condividere, altrimenti questo creerà nella rete una distonia che alla fine produce *defaiance*: sul servizio, al cliente nonché sulle *performance* economiche.

✓ Non pensare che ci sia qualche ambito o momento della tua attività in cui il cliente non è al centro del tuo lavoro.

✓ Non sottovalutare i servizi di valore da poter offrire all'interno del tuo punto vendita. La vendita non è legata solo e unicamente al prezzo, ma un servizio serio e professionale può fare la differenza anche contro lo spietato mercato del web.

## Sfide

Quali invece, le sfide che ti metterebbero alla prova senza la giusta preparazione?

✓ Individuare i *partner* giusti da coinvolgere nello sviluppo della rete.

✓ Accorciare la catena di controllo, affidando la gestione diretta a un *top management* presente in tutte le realtà chiave del gruppo.

✓ Mantenere nel tempo la *leadership* del marchio.

✓ Anticipare il mercato.

✓ Riuscire a cogliere i cambiamenti in tempo utile per modellare l'offerta commerciale e dare sicurezza e continuità al marchio e all'azienda.

✓ Investire nell'acquisto e nella gestione di unità produttive anche all'estero, sempre e comunque sotto il controllo della tua casa madre.

✓ Rendere il prodotto sostenibile, contribuendo alla salvaguardia del Pianeta.

✓ Uniformare tutti i processi di gestione della rete, come si richiede a una vera società di *franchising*.

- ✓ Mettersi in proprio comporta un grande cambiamento e ogni cambiamento comporta sempre una componente di rischio che va compresa e ponderata.
- ✓ Migliorare quotidianamente i prodotti e i servizi offerti ai tuoi clienti, adeguarsi velocemente ai cambiamenti imposti dalle nuove tecnologie e dalle nuove tendenze.
- ✓ Gestire una crescita rapida ed esponenziale senza mai perdere il *focus* sull'innovazione e sulla digitalizzazione aziendale.


Cosa ne pensi?
Abbiamo cercato di riassumere al meglio anni e anni di insegnamenti di chi, in Italia, la storia l'ha scritta e continua a farlo ogni giorno.
Già solo la conoscenza e l'applicazione di tutti questi consigli potrebbe essere il miglior passo verso una scelta ponderata e buon augurale.

Allora, se sarà: «Buon Franchising anche a Te!»

# Ringraziamenti

Questo libro nasce da un continuo scambio di visioni: se si rimane aperti e 'in ascolto', tutto arriva. L'idea del compleanno, per esempio, è nata grazie a una chiacchierata con l'amica Luisa Barrameda, segretario generale di Federfranchising ma soprattutto professionista innamorata del *franchising*.

A garantire l'autorevolezza anche istituzionale dell'operazione, Italo Bussoli, presidente di Assofranchising; Mario Resca, presidente di Confimprese; Alessandro Ravecca, presidente di Federfranchising - Confesercenti.

E poi il Salone Franchising Milano, che ci ha destinato una vetrina importante per lanciare l'iniziativa.

E ancora, l'editore Giacomo Bruno, che ha creduto nel progetto e si è messo in gioco subito.

La lista sarebbe ancora lunga.

La proposta editoriale non avrebbe avuto un riscontro così ampio senza il supporto strategico e operativo di tutto il *team* del *marketing* di Soluzioni e della redazione di Start Franchising, per esempio. Ma si tratta di una lista che è soprattutto aperta, perché siamo convinti che questa pubblicazione avrà vita lunga e ancora tante mani da stringere e persone da ringraziare.

# NOTE
*Scrivi qui la tua idea in franchising*